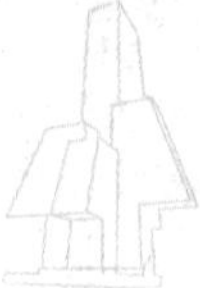

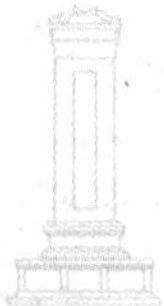

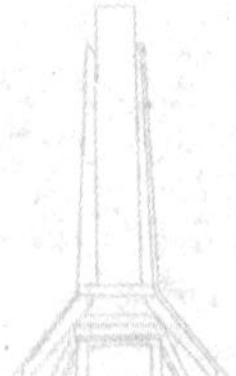

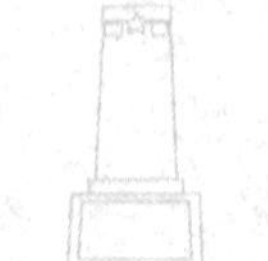

为了新中国

革命烈士纪念碑碑文敬读（二）

学习时报编辑部 编

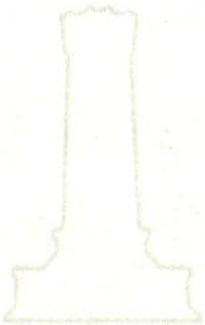

山东人民出版社·济南
国家一级出版社 全国百佳图书出版单位

前　言

为了建立新中国，成千上万的革命烈士献出了宝贵的生命。为缅怀他们的英雄事迹，新中国成立后，各地陆续矗立起一座座丰碑，所刻碑文让革命烈士的英雄事迹一代代流传。自2019年5月10日起，《学习时报》专门开辟“为了新中国——革命烈士纪念碑碑文敬读”专栏，陆续刊发人民英雄纪念碑等全国各地纪念碑碑文敬读文章，在读者中引起强烈反响。2020年9月，专栏文章结集的第一本图书《为了新中国——革命烈士纪念碑碑文敬读》出版。该书入选中宣部2020年主题出版重点出版物选题，首次收入三十篇碑文敬读文章。图书自出版以来，广受读者好评。

学习党史，敬读碑文，为了让更多当代人了解碑文背后丰富的革命历史内涵，弘扬先烈身上承载的伟大民族精神，我们继续推出《为了新中国——革命烈士纪念碑碑文敬读（二）》，全新收入三十四篇碑文敬读文章，希望呈现给读者一套讲好党的故事、英雄故事的生动读本。

在中国，革命烈士纪念碑是一个特别的存在。她不仅深藏着历史的符号，还珍藏着新中国诞生、成长的特殊记忆。在中国共产党领导中国人民团结奋斗的百年征程中，无数革命先烈用鲜血诠释了对党的无限忠诚，将自己的一切奉献给了人民幸福和民族复兴的初心使命，奉献给了共产主义远大理想。他们的事迹和精神，已经成为中华民族和中国人民的宝贵财富，成为红色基因的重要组成部分。正如1949年新中国诞生之前毛泽东的深情追忆："无数先烈的鲜血，洒遍了锦绣山河；亿兆后起的人民，表现了英雄气概。"

为人民英雄们立碑，是后来者对先烈的纪念和尊崇，更是对先贤的深情缅怀，对使命的庄严宣誓。从五十多人到九千五百多万人，党的队伍在发展壮大。逝者可追，来者绵长，不变的是传递烈士们念兹在兹的初心，今天共产党人仍然心心念念并时刻践行的使命。

习近平总书记对革命先烈怀有发自内心的真挚感情，一直把弘扬先烈精神作为推动实现"两个一百年"奋斗目标，实现中华民族伟大复兴的中国梦的精神动力。他多次瞻仰革命烈士纪念地表示敬意，号召全体党员以先烈先辈为榜样，始终做到初心如磐、使命在肩，谆谆嘱咐："无数的先烈鲜血染红了我们的旗帜，我们不建设好他们所盼望向往、为之奋斗、为之牺牲的共和国，是绝对不行的。"

丰碑永恒，一座座革命烈士纪念碑巍然高耸的背后是绵远流长的中国文化。碑文是纪念碑的核心和灵魂，是中国近现代革命斗争历史的浓缩，反映了中国人民争取民族独立和自由幸福的历史，是中国人民和中华民族站起来的真实记录。丰碑有格，一个有希望的民族不能没有英雄，一个有前途的国家不能没有先锋。这些纪念碑的碑文，言简意赅地记述了烈士的事迹，深入浅出地弘扬了烈士的精神。其中最为著名的，莫过于新中国的“第一碑”——屹立于天安门广场的人民英雄纪念碑，由毛泽东起草、周恩来手书的碑文，表达了对人民英雄的敬仰怀念，总结了近代以来中国人民抗争奋斗的苦难辉煌。

读碑文，观碑意，品碑铭，我们发现中华民族最闪亮的坐标，对历史更生敬意，对烈士更生敬爱。今天，中国正在发生日新月异的变化，我们比历史上任何时期都更加接近实现中华民族伟大复兴的目标。实现我们的目标，需要英雄，需要英雄精神。

积极投身中国特色社会主义新时代的历史洪流，以洪荒之力实现中华民族的伟大复兴，是对革命先烈的最好纪念，也正是我们重温烈士碑文的价值所在。

目　录

中国工人运动的不朽丰碑

——二七烈士纪念碑碑文敬读

在武汉市江岸区解放大道2499号二七纪念馆中央广场，矗立着一座雄伟壮观的二七烈士纪念碑。碑体正面汉白玉上，镌刻着毛泽东亲笔题写的“二七烈士纪念碑”七个镏金大字。碑体正前方，刻有二七烈士纪念碑碑文：

1923年1月，京汉铁路工人筹备成立总工会，遭到军阀吴佩孚无理禁止，引起工人无限愤慨。他们不顾反动势力的阻挠破坏，于2月1日在郑州毅然如期举行代表大会，并宣布京汉铁路总工会成立。军阀武力竟强行侵占总工会会所，搜劫工会文件和财物，并且强迫代表和来宾出境。总工会决心领导全路工人为争自由而战，为争人权而战，将会址迁到江岸，从4日起举行全路大罢工。要求撤革军阀走狗、京汉铁路局局长赵继贤等人，赔偿工会损失，并派员道歉。这一英勇正义的行动受到武汉和全国各地工人的同情和支援。军阀吴佩孚在帝国主义的指使下，下令湖北督军肖耀

二七烈士纪念碑

南等于2月7日在江岸及京汉铁路沿线各站进行血腥镇压。工人群起肉搏应战，死难者52人，伤300余人。京汉铁路总工会江岸分会委员长、共产党员林祥谦被执，先后被砍七刀，血流遍体，始终严词拒绝下令复工。他切齿大骂："头可断，血可流，工不能上！"壮烈牺牲于军阀屠刀之下。武汉工团联合会法律顾问、共产党员施洋亦于当日被捕，15日慷慨就义于武昌。

这次大罢工是中国无产阶级在新民主主义革命初期，在中国共产党领导下进行的一次伟大的政治斗争。表现了中国无产阶级刚刚走上政治舞台时的英勇气概与革命精神。英勇牺牲的烈士们，用鲜血写下了中国工人运动和中国历史上新的一页。烈士们的精神永垂不朽!

为纪念这一伟大历史事件，1963年在江岸二七路建立了二七烈士纪念碑，1997年迁建于新馆。

湖北省暨武汉市人民敬立

一九九九年二月七日

如今，二七烈士纪念碑原碑依然矗立在武汉市江岸区二七路36号铁路文化宫（老二七纪念馆）那里。于是，武汉市就有两座二七烈士纪念碑。

毛泽东两度为二七烈士纪念碑题词

最难能可贵的是毛泽东两度为二七烈士纪念碑题词。第一次是1956年2月，二七烈士纪念碑在江岸破土动工时，纪念碑筹备委员会决定请毛泽东为纪念碑题写碑名。不久，毛泽东就亲笔题写了“二七革命纪念碑”七个字。这与当初确定的“二七烈士纪念碑”的碑名略有不同。

第二次是在1958年9月，毛泽东来湖北视察，湖北省委书记王任重把题字的事当面向毛泽东作了汇报，出于对二七烈士的敬重和对地方工作的支持，毛泽东欣然同意重新为纪念碑题字。9月16日，毛泽东在离开武汉的船上抽空题写了“二七烈士纪念碑”，并附上致湖北省委的一封信：“敬挥数字，看可用否？谨向烈士们致以敬意。”1958年底，二七烈士纪念碑落成。毛泽东第二次题写的碑名“二七烈士纪念碑”七个行书大字就被镌刻在碑身正面的汉白玉上。

毛泽东两次为二七烈士纪念碑题词寓意深刻，感人至深，耐人寻味！毛泽东第一次题写“二七革命纪念碑”并非将“烈士”写成“革命”的笔误，而是对二七革命斗争性质的认定。早在1923年4月，毛泽东在安源路矿工人俱乐部与工人代表开会时就曾说：“林祥谦是个坚强的工人领袖，为了革命，牺牲了自己。”

悲壮的二七革命斗争

中国共产党刚成立就把“组织工会和教育工人，领导工人运动”确定为党成立后的中心任务。从1922年1月开始，中国共产党领导工人掀起了全国第一次工人运动高潮，1923年2月初的京汉铁路工人大罢工就是其顶点。痛心的是，京汉铁路工人大罢工遭到军阀吴佩孚的血腥镇压，酿成了震惊中外的二七惨案。

1923年2月7日傍晚，林祥谦不幸被捕。张厚生用刀逼迫林祥谦下复工令。林祥谦严厉拒绝说："此事乃全路三万工人生死存亡所系，我分工会非得总工会命令不能开工，头可断，血可流，工不能上！"他先后被砍七刀，宁死不屈，壮烈牺牲。那一天是农历十二月廿二，正是家家户户准备过年的时候。林祥谦为了全路三万多名工人慷慨赴死，展现了他为了工人阶级利益不惜舍生取义的革命初心；而且他严守"总工会命令"，体现了坚强的组织纪律性。

施洋于1923年2月7日晚被捕，2月15日大年三十清晨英勇就义。临刑前，施洋从容地笑着说道："我不怕人，不怕事，不怕死！堂堂做人，反对强暴。你们杀了一个施洋，还有千百万的施洋！"身中二弹，仍高呼："劳工万岁！"表现出一个共产党员大义凛然、视死如归的英雄气概。

林祥谦、施洋，分别是中国工人阶级与知识分子的优秀代表，璧连双辉，光彩夺目。他们用自己的鲜血谱写了中国共产党早期悲壮而绚丽的篇章。中国共产党成立后第一次有党员壮烈捐躯的流血事件是1923年的二七惨案。二七烈士林祥谦、施洋是目前可考的最早壮烈牺牲的共产党员。

“二七”精神浩气长存

京汉铁路工人大罢工是中国共产党初露锋芒的精彩而又悲壮的亮相，先烈用热血铸就的“二七”精神将永远激励我们奋勇前行。

坚定信念、为民谋福。先烈怀着“让劳苦大众都过上好日子”的信念，奋不顾身，义无反顾。施洋是著名的律师，有温馨的家庭、不菲的收入，本来可以过着体面而安逸的生活，他却甘当“贫寒的律师”。他的收入大都用来济贫扶弱，保障人权，伸张公理。林祥谦也全心全意为工人谋利益，深受工友拥戴。林祥谦在牺牲前还痛斥敌人：“可怜一个好好的中国，就断送在你们这班军阀手里了！”表达了他对敌人的仇恨和对“好好的中国”无比憧憬、无限热爱的赤子之心。

严明纪律、团结奋斗。1923年2月4日，京汉铁路总工会发出罢工命令后，全路三万多名工人一致响应，举行罢工，全路客车、货车一律停开，京汉铁路陷入瘫痪。罢工期间，工人们秩序严整，步调一致，坚决执行“没有总工会的命令决不上工”的纪律，表现出京汉铁路工人高度的组织性、纪律性和团结奋斗的伟大力量。

勇于担当、竭诚奉献。在二七革命斗争中，许多先烈本着“天下兴亡，匹夫有责”的担当精神，抱着奋战到底的决心而慷慨捐躯！尤其是林祥谦与施洋都参加了1923年2月1日在郑州举行的京汉铁路总工会成立大会，都经历了与阻拦大会召开的反动军警发生冲突的过程，都意识到了形势的严峻性。但是，他们都丝毫没有畏惧，更没有退缩躲避，他们始终坚持在斗争的最前线，直到流尽最后一滴血。

（作者：陈胥萍　林友华）

一寸山河一寸血　一抔热土一抔魂

——安徽省金寨县革命烈士纪念塔碑文敬读

2016年4月24日，习近平总书记来到安徽省金寨县调研考察，霏霏细雨中他向金寨县革命烈士纪念塔敬献花篮，瞻仰金寨县红军纪念堂，参观金寨县革命博物馆。他深情地说："一寸山河一寸血，一抔热土一抔魂。回想过去的烽火岁月，金寨人民以大无畏的牺牲精神，为中国革命事业建立了彪炳史册的功勋，我们要沿着革命前辈的足迹继续前行，把红色江山世世代代传下去。"

金寨县革命烈士纪念塔位于革命烈士陵园中心，坐落在县城梅山镇的一个山岗上，是陵园的标志性建筑。塔高二十四米，寓意着金寨地区1924年建立党组织。塔身正前方镶嵌着刘伯承亲笔题写的"燎原星火"四个镀金大字，塔身背后正下方镌刻着中共金寨县委、金寨县人民政府撰写的纪念碑文。碑文如下：

金寨县地处大别山腹地，是中国共产党创立的鄂豫皖革命根据地的重要组成部分，是中国工农红军第四方面军的主要发源地。

早在中国共产党创建初期，王明、蒋光慈等进步青年加入共青团和党组织，并回乡从事革命活动，一九二四年，境内建立党的组织，领导农民运动。

土地革命战争时期，在党的“八七”会议精神指引下，一九二九年，詹谷堂、周维炯、舒传贤、桂伯炎、袁继安、徐育三等先后领导了立夏节起义和六（安）霍（山）起义，分别在斑竹园、流波䃥组建了中国工农红军第十一军三十二师和三十三师，开辟了豫东南和皖西革命根据地。一九三〇年春，与鄂东的红三十一师合编为红一军，共同创建鄂豫皖革命根据地。苏区民歌《八月桂花遍地开》由此产生并唱遍全国。

一九三一年一月，红一军、红十五军合编为红四军。十月，红二十五军在麻埠诞生。同年十一月，红四军、红二十五军组成红四方面军。一九三〇年底至一九三二年夏，军民同仇敌忾，先后取得了第一、二、三次反“围剿”斗争的胜利，红军和根据地得到了迅速发展。金寨成为鄂豫皖革命根据地的中心区域。

一九三二年秋，在张国焘的错误指挥下，第四次反“围剿”失利，红四方面军主力西去川陕，创建新的根据地。金寨人民在极其艰难的环境中，积极配合新建的红二十七军、重建的红二十五军和在南溪再建的红二十八军浴血保卫根据地，并组建第一、二、三路游击师，开展第五次反“围剿”斗争。一九三四年十一月，合编后的红二十五军奉命长征，创建鄂豫陕革命根据地。金寨人民又和第三次组建的红二十八军坚持了艰苦卓绝的三年游

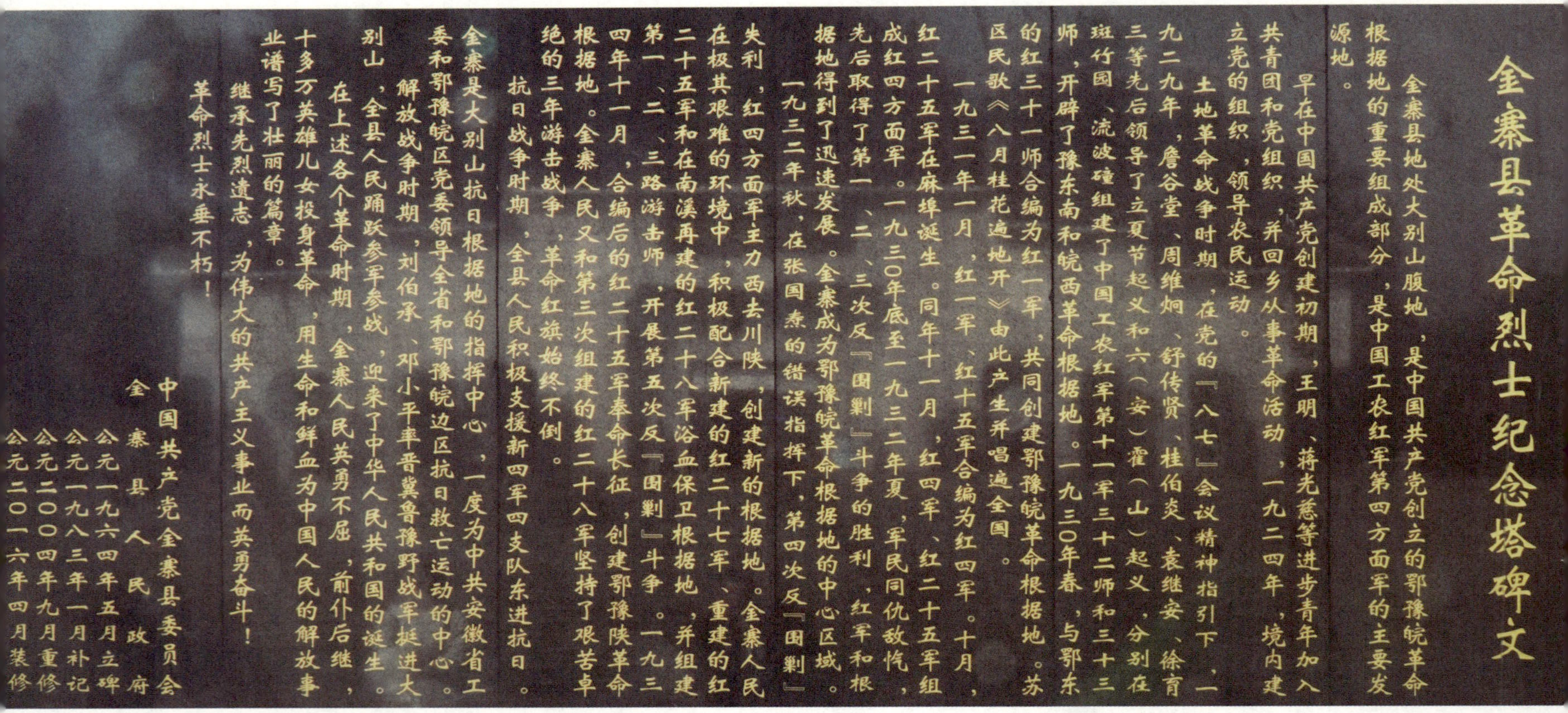

金寨县革命烈士纪念塔碑文

金寨县地处大别山腹地，是中国共产党创立的鄂豫皖革命根据地的重要组成部分，是中国工农红军第四方面军的主要发源地。

早在中国共产党创建初期，王明、蒋光慈等进步青年加入共青团和党组织，并回乡从事革命活动，一九二四年，境内建立党的组织，领导农民运动。

土地革命战争时期，在党的『八七』会议精神指引下，一九二九年，詹谷堂、周维炯、舒传贤、桂伯炎、袁继安、徐育三等先后领导了立夏节起义和六（安）霍（山）起义，分别在斑竹园、流波䃥组建了中国工农红军第十一军三十二师和三十三师，开辟了豫东南和皖西革命根据地。一九三〇年春，与鄂东的红三十一师合编为红一军，共同创建鄂豫皖革命根据地。苏区民歌《八月桂花遍地开》由此产生并唱遍全国。

一九三一年一月，红一军、红十五军合编为红四军。十月，红二十五军在麻埠诞生。同年十一月，红四军、红二十五军组成红四方面军。一九三〇年底至一九三二年夏，军民同仇敌忾，先后取得了第一、二、三次反『围剿』斗争的胜利，红军和根据地得到了迅速发展。金寨成为鄂豫皖革命根据地的中心区域。

一九三二年秋，在张国焘的错误指挥下，第四次反『围剿』失利，红四方面军主力西去川陕，创建新的根据地。金寨人民在极其艰难的环境中，积极配合新建的红二十七军、重建的红二十五军和在南溪再建的红二十八军浴血保卫根据地，并组建第一、二、三路游击师，开展第五次反『围剿』斗争。一九三四年十一月，合编后的红二十五军奉命长征，创建鄂豫陕革命根据地。金寨人民又和第三次组建的红二十八军坚持了艰苦卓绝的三年游击战争，革命红旗始终不倒。

抗日战争时期，全县人民积极支援新四军四支队东进抗日。金寨是大别山抗日根据地的指挥中心，一度为中共安徽省工委和鄂豫皖区党委领导全省和鄂豫皖边区抗日救亡运动的中心。

解放战争时期，刘伯承、邓小平率晋冀鲁豫野战军挺进大别山，全县人民踊跃参军参战，迎来了中华人民共和国的诞生。

在上述各个革命时期，金寨人民英勇不屈，前仆后继，十多万英雄儿女投身革命，用生命和鲜血为中国人民的解放事业谱写了壮丽的篇章。

继承先烈遗志，为伟大的共产主义事业而英勇奋斗！

革命烈士永垂不朽！

中国共产党金寨县委员会
金寨县人民政府
公元一九六四年五月立碑
公元一九八三年一月补记
公元二〇〇四年九月重修
公元二〇一六年四月装修

金寨县革命烈士纪念塔碑文（中共金寨县委党史和地方志研究室　供图）

击战争，革命红旗始终不倒。

抗日战争时期，全县人民积极支援新四军四支队东进抗日。金寨是大别山抗日根据地的指挥中心，一度为中共安徽省工委和鄂豫皖区党委领导全省和鄂豫皖边区抗日救亡运动的中心。

解放战争时期，刘伯承、邓小平率晋冀鲁豫野战军挺进大别山，全县人民踊跃参军参战，迎来了中华人民共和国的诞生。

在上述各个革命时期，金寨人民英勇不屈，前仆后继，十多万英雄儿女投身革命，用生命和鲜血为中国人民的解放事业谱写了壮丽的篇章。

继承先烈遗志，为伟大的共产主义事业而英勇奋斗！

革命烈士永垂不朽！

中国共产党金寨县委员会
金 寨 县 人 民 政 府
公元一九六四年五月立碑
公元一九八三年一月补记
公元二〇〇四年九月重修
公元二〇一六年四月装修

金寨是中国革命的重要策源地、人民军队的重要发源地，先后有十二支主力红军队伍在这里建立，被誉为“中国红军第一县”，是全国为数不多的历经大革命、土地革命、抗日战争和解放战争各个时期，二十一年革命武装斗争持续不断、二十八年革

金寨县革命烈士纪念塔（中共金寨县委党史和地方志研究室　供图）

命红旗始终高高飘扬的革命根据地。长期的革命斗争、伟大的革命实践，不仅给金寨人民留下了丰富多彩、积淀深厚的红色文化资源，而且孕育和铸造了坚贞忠诚、牺牲奉献、一心为民、永跟党走的高尚品质。

“坚贞忠诚”是这种高贵品质的核心关键。无论是在革命的初始阶段、高潮时期，还是在革命遭受挫折的危急关头，金寨军民始终对党无比热爱、无比忠诚。面对敌人反复多次的“围剿”“清剿”，金寨军民义无反顾地坚持革命斗争不动摇，积极响应党的号召，纷纷送郎、送子当红军，坚持敌后游击战，确保革命红旗不倒、薪火相传。在敌人的残酷迫害、血腥镇压、威逼利诱下，广大党员、群众大义凛然、誓死不屈，在生与死、血与火的考验面前，舍生取义、视死如归。

“牺牲奉献”是这种高贵品质的显著特征。金寨地区十多万英雄儿女参军参战，绝大多数血洒疆场，全寨是“全国第二大将军县”。新中国成立后，金寨县被追认为革命烈士的有一万一千多人，占安徽省烈士总数的五分之一，可谓“家家有红军、户户有烈士、山山埋忠骨、岭岭皆丰碑”。在鄂豫皖三年游击战争中，时任红二四四团二营营长的林维先和一个排的战士被敌军重兵逼到了绝路。弹药打光了，他们就用大刀、石块、木棒与敌人拼杀。最后，他们纵身跳下悬崖。除林维先和十多名战士幸免于难外，其余战士全部壮烈牺牲。当时，尽管金寨人民缺衣少食，但他们仍然把仅有的一点儿粮食和物资拿出来支援红军，甚至冒着生命危险掩护伤病员。

金寨县革命烈士纪念塔俯瞰（中共金寨县委党史和地方志研究室　供图）

“一心为民”是这种高贵品质的根本所在。无数先烈闹革命、打天下、求解放，最初就是为了有饭吃，为了让广大无产阶级兄弟过上好日子。为了使贫苦农民能够获得梦寐以求的土地，党领导广大军民建立红色政权，打土豪、分田地，开展轰轰烈烈的土地革命；为了保卫和巩固鄂豫皖苏区、改善群众生活，党和苏维埃政府制定了一系列经济政策，努力发展根据地经济，千方百计地帮助群众搞好生产；为解决根据地内劳动力缺乏的问题，党领导农民群众建立劳动互助社、耕田队、换工队、耕牛站、耕牛合作社等互助合作组织，建立红军公田制度，帮助群众克服困难、发展生产。

“永跟党走”是这种高贵品质的永恒追求。在长期的革命斗争中，金寨军民精诚团结、浴血奋战，面对困难和危险，他们坚忍不拔、百折不挠，为中国革命的胜利和新中国的诞生建立了彪炳史册的功勋。在金寨这块红色土地上诞生、发展、壮大起来的红二十五军，无论是参加反“围剿”作战保卫根据地、留在苏区开展游击斗争，还是撤离苏区实行战略转移，时刻做到服从党的领导，听从党的指挥。1935年7月，当红二十五军得知中央红军与红四方面军会师并开始北上的消息后，立刻主动出击，予以策应。红二十五军副军长徐海东表示：只要能牵制敌人，保证中央红军顺利北上，即使他们三千多人都牺牲了，也是光荣的。漫长的斗争历程、无数的革命史实，见证了金寨人民不屈不挠、永跟党走的坚定信心和顽强意志。

（作者：李涛　胡遵远　李燕）

宁死不屈　浩气长存

——四五烈士纪念碑碑文敬读

在山东省济南市槐荫区槐荫广场，有一座青松翠柏环绕的四五烈士纪念碑。该碑是为纪念1931年4月5日在纬八路刑场英勇就义的邓恩铭、刘谦初等二十二位革命烈士而修建的，1989年4月正式落成。

纪念碑由三块长方形灰白色花岗岩石互相垂直耸立而成。前方石碑镶嵌反映烈士英勇就义的铜质浮雕，下刻烈士牺牲日期“1931.4.5”。侧方石碑上刻中共山东省委原书记梁步庭题词“垂范后来”，下刻少年儿童献词。后方主碑高4.05米，象征4月5日，正面上端刻着原国家副主席王震题词：“宁死不屈　浩气长存”。背面刻写碑文八百余字：

一九二七年大革命失败后，由于国民党反动派的疯狂镇压和叛徒的出卖，中共山东省委及各地党组织，屡遭破坏，大批党员和干部被捕。在狱中，他们不屈不挠，多次组织越狱和绝食斗争。

一九三一年四月五日，国民党山东省政府将二十二名中共山东党的领导干部杀害于济南纬八路刑场（在今青年公园附近），史称济南“四五”惨案。牺牲的烈士有：

邓恩铭，水族，一九零*一年生，贵州荔波人，中共山东省党的创始人之一，中共一大代表，中共山东省委书记。

刘谦初，一八九七年生，山东平度人，中共山东省委书记。

吴丽实，一八九九年生，江苏沭阳人，中共山东临时省委书记。

雷晋笙，一八九八年生，陕西长安人，中共山东省委秘书长。

郭隆真，女，回族，一八九四年生，河北大名人，中共山东省委委员，青岛市委宣传部长。

党维蓉，一九零八年生，陕西富平人，中共山东省委领导人之一，青岛市委书记。

刘晓浦，一八九八年生，山东沂水人，中共山东省委秘书长。

于清书，一九零二年生，山东潍县人，中共山东临时省委秘书。

李敬铨，一九零四年生，山东历城人，中共济南市特支书记。

宋占一，一九零六年生，山东聊城人，共青团山东省委书记。

刘一梦，山东沂水人，共青团山东省委书记。

朱霄，一九零七年生，山东肥城人，中共青岛市委组织部长。

纪子瑞，一八九五年生，山东胶县人，中共山东省委委员。

车锡贵，一八九八年生，山东淄川人，中共山东省委工运特派员。

* “零”应作“〇”，为遵照碑文原貌，不作改动。下文遇此情况，不再赘述。

王凤岐，一九一一年生，山东德县人，中共山东省委巡视员。

孙守诚，一九零一年生，山东淄川人，中共青岛市委常委。

孔庆嘉，一九零六年生，山东曹县人，曹县农民武装暴动领导人之一。

任守钧，一九一零年生，山东曹县人，曹县农民武装暴动领导人之一。

赵鸿功，一九零零年生，山东蓬莱人，中共蓬莱党支部书记。

王锡三，一八九零年生，山东长山人。

李华亭，一九零零年生，山东昌乐人。

陈德金，一九零八年生，安徽怀远人。

同期前后被害于此的共产党员还有多人，为了缅怀和发扬烈士精神，一九八八年，共青团槐荫区委在原刑场旧址特立此碑，以永志垂念。

—

大革命失败后，国民党军队于1928年5月进入济南，此后国民党势力控制山东，对共产党组织和党员进行疯狂破坏和抓捕。自1928年冬至1931年春，中共山东省委共遭到五次大的破坏，邓恩铭、刘谦初、吴丽实、郭隆真等大批党员干部被捕。

邓恩铭等被捕后，国民党反动当局妄图通过长期监禁，摧残其肉体，销蚀其革命意志，动摇其革命信仰。但是，邓恩铭等共

四五烈士纪念碑（张雪珂 摄）

产党人，没有被敌人的威逼利诱所吓倒，他们团结起来，成立狱中党组织，同敌人进行了不屈不挠的斗争。其中1929年7月组织的一次越狱，共有十八人逃出监狱大门。但由于长期遭受关押甚至严刑毒打，大部分越狱人员身体孱弱，加之省委刚遭破坏，狱外党组织未能派人接应，最终只有六人逃脱。

1931年4月5日凌晨，国民党山东省当局将邓恩铭等二十二名共产党员从狱中押出，其中郭隆真才出监狱大门，因高呼口号，被押回狱内杀害。其余共产党员被敌人用汽车载往纬八路刑场，枪杀于纬八路东南草地上。牺牲的二十二名烈士，年龄最大的四十一岁，最小的才二十岁，平均年龄二十八岁。

二

“四五”烈士中，有三位曾担任中共山东省委书记。邓恩铭于1921年春与王尽美等共同创建济南共产党早期组织，7月与王尽美赴上海参加党的一大。1925年8月任中共山东地方执行委员会书记，1927年8月、11月两次任中共山东省委书记。刘谦初于1927年入党，曾专门拜访毛泽东，请他讲述农民运动与中国革命的问题。1929年4月，刘谦初任中共山东省委书记，8月，其在明水车站遭特务抓捕。吴丽实于1923年入党，后到哈尔滨工作，为党组织在东北的创建和发展作出重要贡献。1929年冬，吴丽实到山东，任临时省委书记。然而，工作不到两个月，临时省委遭破

四五烈士纪念碑碑文（张雪珂　摄）

坏，吴丽实被捕。

郭隆真是“四五”烈士中唯一的女共产党员。1919年9月，郭隆真与周恩来、邓颖超等在天津组建觉悟社，后与周恩来等赴法勤工俭学。1925年回国后，郭隆真在李大钊主持的北方区党委领导下工作。1928年底，郭隆真受党组织委派到东北从事职工运动。她不知疲倦，忘我工作，被刘少奇评价为“在工作上最积极，在政治上又最正确的大姐”。1930年秋，郭隆真被派到山东工作，曾任省委妇委书记，11月初在青岛被捕。还有雷晋笙、党维蓉、刘晓浦、刘一梦等烈士，他们虽然工作经历各不相同，但都有着对党的忠诚、对人民的热爱和对共产主义事业的追求。

三

烈士已逝，精神不朽。敬读碑文，我们要学习先烈革命精神，不忘初心，牢记使命，勇于担当，砥砺前行。

学习“四五”烈士百折不挠、矢志不渝的理想信念。邓恩铭曾三次被捕入狱，第二次出狱时，因多次受刑，脸色苍白，步履艰难。堂弟媳忍不住流下眼泪。邓恩铭安慰说：“不要难过嘛，我不是好好的吗！坐牢算啥，往后还得同那些狗斗一斗。”刘谦初被捕后，敌人发现他与张文秋是夫妻，决定同案审讯。张文秋见刘谦初遍体鳞伤，忍不住泣不成声。刘谦初抑制住感情，安慰妻子说：“在敌人面前，我们只能流血，不能流泪啊！”郭隆真曾五次被捕入狱，第五次被捕后，多次遭敌人严刑拷问。但她“宁可牺牲，决不屈节”，直到被害，也没有泄露党的任何秘密。

学习“四五”烈士视死如归、前仆后继的意志品质。邓恩铭牺牲前，曾写下一首《诀别》诗：“卅一年华转瞬间，壮志未酬奈何天。不惜惟我身先死，后继频频慰九泉。”刘谦初牺牲前，得知党组织正在积极营救，于是给党中央写信说不要进行营救，“我心里很平静，正在加紧读《社会进化史》，争取时日，多懂一些道理”。刘晓浦和刘一梦是叔侄，二人被捕后，家人曾变卖田产，携巨款到济南营救。但刘晓浦说：“别再花钱了。出狱得自首，这一条我是至死也做不到。我和他们是死对头，不是鱼死，就是网破。”

学习“四五”烈士忠诚于党、为国为民的家国情怀。邓恩铭投身革命后，再未回到故乡，对此他赋词明志：“长期浪迹在他方，决心肠，不还乡。为国为民，永朝永夕忙。要把时潮流好转，大改造，指新航。”刘谦初在写给妻子的遗书中说：“我现在临死之时，谨向最亲爱的母亲和亲爱的兄弟们告别，并向你坚握告别之手。望你不要为我悲伤，希你紧记住我的话。无论在任何条件下，都要好好爱护母亲！孝敬母亲！听母亲的话！”刘谦初把党比作亲爱的母亲，嘱咐身边的同志在任何时候都要爱护“母亲”，听“母亲”的话。

（作者：王巨新）

用生命捍卫国家和民族尊严

——华北军第五十九军抗日阵亡将士公墓纪念碑碑文敬读

一座抗日烈士纪念碑，记载的就是一段中华民族抵御外侮的斗争史。

巍巍阴山脚下，滔滔黄河岸边，内蒙古呼和浩特市公主府公园内，屹立着华北军第五十九军抗日阵亡将士公墓纪念碑。

这座缅怀先烈、警醒后人的纪念碑，再现了九十年前，中国军民在长城脚下奋勇杀敌、誓死捍卫国家和民族尊严的悲壮历史。碑文如下：

中华民国二十二年三月，日本军队占据了热河，全国都大震动。从三月初旬到五月中旬，我国的军队在长城一带抗敌作战，曾有过几次很光荣的奋斗。其间如宋哲元部在喜峰口的苦战，如徐庭瑶、关麟徵、黄杰所率中央军队在南天门一带十余日的血战，都是天下皆知的。但这种最悲壮的牺牲，终于不能抵抗敌人的最新最猛烈的武器。五月十二日以后，东路我军全退却了；北路我

军苦战三昼夜之后，也退到了密云。五月二十一、二两日，北平以北的中央军队都奉命退到故都附近集中；二十二夜，北平政务整理委员会委员长黄郛开始与敌方商议停战。

当五月二十三日的早晨四时，——当我国代表接受了一个城下之盟的早晨，——离北平六十余里的怀柔县附近正开始一场最壮烈的血战。这一战从上午四时直打到下午七时，一千多个中国健儿用他们的血洗去了那天的城下之盟的一部分的耻辱。

在怀柔作战的我方军队，是华北军第七军团第五十九军，总指挥即是民国十六年以孤军守涿县八十八天的傅作义军长。他们本奉令守张家口。四月二十九日，他们奉令开到昌平待命增援。命下之日，全军欢呼出发，用每小时二十里的跑步，赶赴阵地；五月一日全部到达昌平，仅走了二十四小时！五月十五日第五十九军奉令开到怀柔以西，在怀柔西北高地经石厂至高各庄的线上构筑阵地；十七日复奉令用主力在此阵地后方三十余里的半壁店、稷山营的线上构筑主阵地。他们不顾敌军人数两倍的众多，也不顾敌军器械百倍的精利，他们在敌军飞机的侦察轰炸之下，不分昼夜，赶筑他们的阵地。他们决心要在这最后一线的前进阵地上用他们的血染中华民族历史的一页。

二十三日天将明时，敌军用侵华主力的第八师团的铃木旅团及川原旅团的福田支队向怀柔正面攻击；又用铃木旅团的早川联队作大规模的迂回，绕道袭击我军的后方。正面敌军用重野炮三十门，飞机十五架，自晨至午，不断的（地）轰炸。我方官兵因工事的坚固，士气的镇定，始终保守着高地的阵地。那绕道来袭击的早川联队也被我军拦击，损失很大。我军所埋地雷杀敌也不少。我军的隐蔽工事仅留二寸见方的枪孔，必须等到敌人接近，然后伏枪伏炮齐发，伏兵齐出，用手掷弹投炸。凡敌人的长处，到此都失了效用。敌军无法前进，只能向我高地阵地作极猛烈的轰炸。有一次敌军蓑中队攻进了我右方的阵地，终被我军奋力迎击，把阵地夺回。我军虽无必胜之念，而人人具必死之心：有全连被敌炮和飞机集中炸死五分之四，而阵地屹然未动的；有袒臂跳出战壕，肉搏杀敌的；有携带十几个手掷弹，伏在外壕里，一人独力杀敌人几十的。

到了下午，他们接到了北平军分会的命令，因停战协定已定局了，令他们撤退到高丽营后方。但他们正在酣战中势不能遽行撤退，而那个国耻的消息又正使他们格外留恋这一个最后抗敌的机会。直到下午七时，战事渐入沉寂状态，我军才开始向高丽营撤退，敌军也没有追击。次日大阪《朝日新闻》的从军记者视察我军的高地阵地，电传彼国，曾说："敌人所筑的俄国式阵地，实有相当的价值。且在坚硬的岩石中掘成良好的战壕，殊令人惊叹！"又云："看他们战壕中的遗尸，其中有不过十六七岁的也有很像学生的，青年人的热狂可以想见了！"

怀柔这一战，第五十九军战死的官和兵共三百六十七人，受伤的共二百八十四人。

五月三十一日停战协定在塘沽签字后，第五十九军开至昌平集结；凡本军战死官兵未及运回的，都由军部雇本地人民就地掩埋，

暗树标志。六月，全军奉令开回绥远复员；九月，怀柔日军撤退后，傅军长派人备棺木殓衣，到作战地带，寻得官兵遗骸二百零三具，全数运回绥远。绥远人民把他们公葬在城北大青山下，建立抗日战死将士公墓，并且辟为公园，垂为永久的纪念。公墓将成，我因傅作义军长的嘱托，叙述怀柔战役的经过，作为纪念碑文。并作铭曰：

这里长眠的是二百零三个中国好男子！

他们把他们的生命献给了他们的祖国，

我们和我们的子孙来这里凭吊敬礼的，

要想想我们应该用什么报答他们的血！

这座纪念碑由傅作义将军亲自筹建，于1933年9月动工，1934年春竣工，同时建纪念堂一所。纪念碑高约十二米，呈三棱柱形，正面有傅作义将军题写的碑名“华北军第五十九军抗日阵亡将士公墓”。纪念碑的下首嵌有一块石碑，上面刻有胡适撰文、钱玄同书写的碑文，纪念碑的另两面，请名匠镌刻殉国英烈名字。碑址所在地，原为清康熙帝第六女美丽的固伦恪靖公主府第。当年，傅作义将军派人种下了三百六十七棵象征春天、爱情与美好理想世界的山桃树，同时将连翘、紫丁香、榆叶梅点缀其中。每到清明时节，山桃花激情绽放，如霞似锦，高大庄严的纪念碑矗立在姹紫嫣红的花海之中。这是国内最早以抗日为主题的纪念碑之一，碑文因胡适、钱玄同两位新文化大师合璧而闻名全国，又被称为“白话文第一碑”“抗战第一碑”。

华北军第五十九军抗日阵亡将士公墓纪念碑（呼和浩特市公主府公园　供图）

纪念碑落成后，时任绥远省政府主席的傅作义，召开绥远各界人士纪念长城抗日阵亡将士大会，国内和海外华侨知名人士送挽联深表敬意。百灵庙抗战胜利后，1937年3月15日，绥远军民一千多人在纪念碑前举行阵亡将士追悼大会，毛泽东主席和朱德总司令从延安给傅作义将军发来唁电："先生领导全军将士御侮，屡挫敌锋，略洗吾民族所遭受之奇耻大辱。将士英勇杀敌成仁取义，伟大之精神是以昭示后世，风引全国。"

这场气壮山河的长城抗战胜利战果，虽被国民党北平当局签订的丧权辱国的《塘沽协定》彻底断送，但华北军第五十九军将士不畏牺牲、保家卫国的伟大精神，流芳千古！

学习他们天下兴亡、匹夫有责的爱国情怀。华北军第五十九军出击之前，长城沿线关隘守军在日军疯狂进攻下，大部相继失陷，人地皆失。面对日军嚣张气焰，傅作义将军主动请缨，要求率部赴前线杀敌，誓雪国耻。全军官兵爱国士气高涨，怀一腔保家卫国热血。接到命令后，仅用二十四小时从张家口奔袭至昌平，在怀柔以西地域设防，誓与长城共存亡。

学习他们视死如归、宁死不屈的民族气节。参战日军装备精良，有装甲车、坦克、火炮和飞机等先进武器，拥有强大的制空权，多兵种协同作战。相比之下，华北军第五十九军枪支陈旧，弹药不足，重武器奇缺，没有空中力量支援。但官兵们不畏强敌，置生死于度外，"虽无必胜之念，而人人具必死之心"。在敌军狂轰滥炸之下，不分昼夜赶筑工事，利用有利地形、坚固工事和大

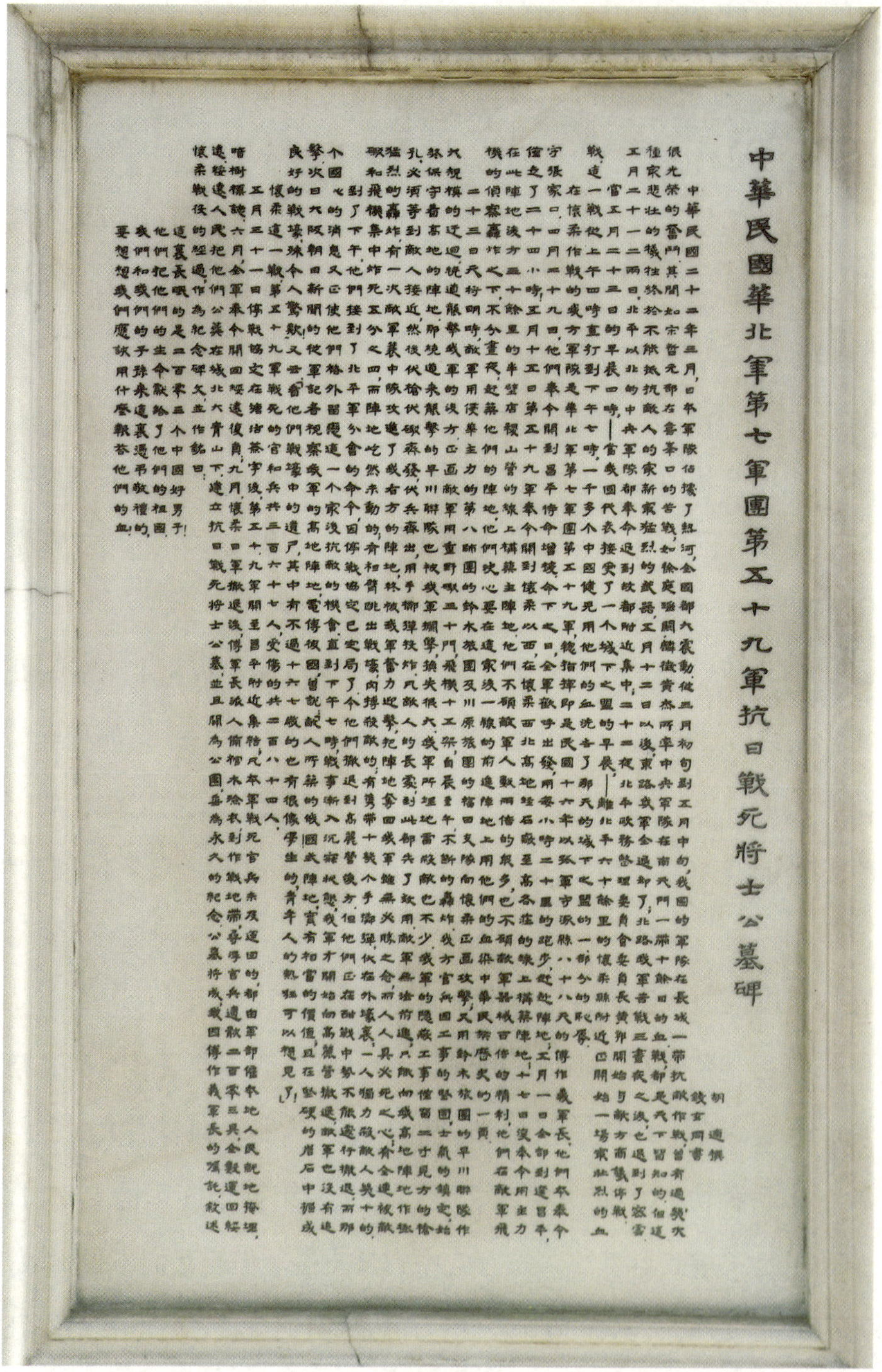

华北军第七军团第五十九军抗日战死将士公墓碑碑文（呼和浩特市公主府公园　供图）

无畏勇气顽强抗击数倍于己的敌军，以血肉之躯阻敌于长城之外。

学习他们不畏强暴、血战到底的英雄气概。交战一开始，日军即以飞机和火炮对我方阵地轮番轰炸，实施大规模步炮联合、步坦协同进攻。一时间，大地震颤，星月失辉，战斗打响即进入白热化。华北军第五十九军官兵抱定“有敌无我，有我无敌”的牺牲精神，运用“近战狠打”战术，与敌展开白刃战，使敌重武器失去作用。日军第四旅团长铃木美通闻讯极为震怒，亲自到距前沿六百米高地指挥战斗，亦未能挽回败局。至1933年5月23日下午1时许，我军连续打退日军七次正面阵地进攻。日军终因死伤惨重，停止了疯狂进攻。

学习他们百折不挠、坚忍不拔的必胜信念。1933年5月22日夜，北平政务整理委员会委员长黄郛开始与日方商议停战。23日8时，战斗打响不久，北平军分会委员长何应钦即电话召集傅作义到北平商谈要事，傅作义以正在激战为由，派参谋长前往。三小时内，何应钦连催四次，傅作义均未理会，继续指挥作战。何应钦迫不得已写了停战手令，晚7时许送到傅作义手上。傅作义无奈之下，坚持“必须日军先撤，我们才能撤，否则我们绝不能后撤”。面对华北军第五十九军官兵同仇敌忾的坚强意志，日军被迫先行撤退。怀柔血战，使得日军未能向北平方向前进半步。

今天，我们敬读碑文，铭记历史，弘扬伟大抗战精神，为实现中华民族伟大复兴的中国梦凝神聚力。

（作者：张鑫华）

与山共峻极　与水同流长

——红军长征突破湘江烈士纪念碑碑志敬读

红军长征突破湘江烈士纪念碑园坐落于广西壮族自治区桂林市兴安县城狮子山，占地面积十三万平方米，由大型群雕、纪念碑、英名廊、湘江战役闽西籍红军烈士纪念雕塑、革命理想高于天纪念雕塑、清石园、红军长征突破湘江纪念馆等组成。走进气势雄伟的烈士碑园，您会看到湘江战役中那场血与火、生与死、存与亡的一幅幅历史画面。整个纪念碑园布局新颖，创意独特，小型园林与大型雕塑合理配置，集瞻仰性与游览性于一体，其中群雕在规模上为全国烈士雕塑之最，具有撼人心魄的强大感染力。山顶主碑高三十四米，碑体以三支步枪造型构成，体现了枪杆子里出政权的主题思想，纪念碑底座基室的门楣上镌刻着聂荣臻手书的“纪念突破湘江”题词。碑座周围镌刻着毛泽东的六首诗词。圆拱建筑内中心立有《红军长征突破湘江烈士纪念碑碑志》，碑志如下：

湘江源于桂北海洋山脉，北流入湘，蜿蜒八百里而归浩瀚洞

庭湖，历为兵家必争之要津。

公元一九三四年冬，中国共产党率领中央红军挥师长征。连破国民党三道封锁线后，由湘入桂，在湘江上游之兴安、灌阳、全州县境域，与国民党三十万军队鏖战七昼夜。红军将士以寡敌众，力挽狂澜，气吞山河，前仆后继，英勇突破国民党在湘江之第四道封锁线。然而，由于党内“左”倾错误之领导，致使红军主力损失过半。痛定思痛，血教方殷，唤起红军将士觉醒。突破湘江后，中央红军经龙胜、通道挺进贵州。一九三五年元月，遵义会议确立了毛泽东同志的正确领导，红军北上抗日为挽救民族危亡，开创出新局面。

悠悠岁月，六十春秋迭易。为褒扬英烈，昭示后人，经聂荣臻元帅建议，国务院批准，特建红军长征突破湘江烈士纪念碑于兴安之狮峰。承革命前辈关怀，中央军委资助勉励，八桂军民踊跃捐款，历时两年，碑园于一九九五年底落成。烈士忠魂，敬以告慰；红军业绩，光耀人间。

桂山苍苍，湘漓泱泱。长征烈士，雄风壮节，与山共峻极，与水同流长。红军烈士永远活在人民心中！长征精神永远激励我们奋发向前！

中共广西壮族自治区委员会

广西壮族自治区人民政府

中国人民解放军广西军区

一九九五年十二月　敬立

誓死保卫党中央

1934年10月，中央红军八万多人撤离中央苏区，连续突破敌人三道封锁线后，于11月下旬进抵湘桂边界。这时，蒋介石调集三十万大军，在桂北兴安、灌阳、全州三县湘江以东地域布下了号称“铁三角”的第四道封锁线，企图将中央红军全歼在此。面对生死存亡的危境，红军将士浴血奋战七昼夜，以坚定的理想信念和对党的绝对忠诚，誓死保卫党中央从兴安县界首渡口突破湘江。之后，中央红军第一、第二纵队在其他部队的继续掩护下，进入兴安县华江乡，艰难翻越红军长征以来的第一座高山——老山界，而后向云贵川挺进。可以说，没有红军突破湘江的成功，就不会有红军二万五千里长征中四渡赤水、巧渡金沙江、飞夺泸定桥，以及爬雪山、过草地这些气吞山河、可歌可泣的革命历程，乃至新中国的建立。

位于兴安县境内的界首渡口是红军渡江最理想的渡口之一，它不仅离桂黄公路很近，而且西边紧贴越城岭山区，过河后便于隐蔽。该渡口江面宽约一百米，水深流急。1934年11月27日下午，红一军团二师四团抢占界首渡口。晚上，红三军团四师接防。11月30日至12月1日，中央红军第一、第二纵队先后从这里渡过湘江，从界首渡江的中央领导包括毛泽东、周恩来、朱德、张闻天等。为保证渡口的安全，红军将士与敌人展开了悲壮惨烈的血

红军长征突破湘江烈士纪念碑（兴安红军长征突破湘江烈士纪念碑园管理处　供图）

战，尸横漫江，血流成河。战斗过后，渡口两岸的群众见状，悲痛欲绝，后来，他们以“三年不饮湘江水，十年不食湘江鱼”来敬仰缅怀和纪念红军英烈。

为了不能忘却的纪念

1984年，著名随军老作家魏巍重走红军长征路时，来到界首光华铺红军烈士墓前，心潮澎湃，禁不住老泪横流。回到北京后，他与聂荣臻元帅共同向国务院建议修建红军长征突破湘江烈士纪念碑园，以抚慰烈士英魂和教育革命后代。

广西壮族自治区人民政府于1993年成立了筹建红军长征突破湘江烈士纪念碑园领导小组。纪念碑园于1993年11月30日举行开工典礼，1996年1月19日建成开放。此后二十多年里，在纪念碑园内相继修建了湘江战役闽西籍红军烈士纪念雕塑、清石园、英名廊、红军长征突破湘江纪念馆、革命理想高于天纪念雕塑等。

2014年11月，兴安县在红军长征突破湘江烈士纪念碑园北山脚修建了原湘江战役纪念馆。2018年11月，为贯彻落实习近平总书记关于做好湘江战役红军烈士遗骸收殓保护工作重要批示精神，兴安县开始对纪念馆进行改造提升。2019年3月，中央批准“湘江战役纪念馆”更名为“红军长征突破湘江纪念馆”，定位为全面展现湘江战役的党史馆和综合馆。同年9月12日，红军长征突破湘江纪念馆完成改造提升后重新对外开放。纪念馆主体造型为硝烟下的红军八角帽，外墙体主基调为红色。馆内展陈以湘江战役为主线，主展线长八百五十米，分为“战略转移、突破湘江、伟大转折、精神永存”四大板块，重点突出广大红军指战员血战湘江坚定的理想信念和誓死保卫党中央的绝对忠诚。

桂山苍苍，湘漓泱泱

湘江战役是红军长征途中最壮烈的一战，是关系中央红军生死存亡的关键一战。这场战役推动中国共产党走向成熟，推动中国革命转危为安，为遵义会议的胜利召开奠定了坚实基础。广大红军指战员在湘江战役中信念坚定、对党忠诚、勇于胜利、勇于突破、勇于牺牲的革命精神是长征精神的重要组成部分，是中国共产党人和红军将士用生命和热血铸就的。

缅怀先烈，就是要学习他们不畏艰险，顾全大局。光华铺阻击战是湘江战役三大阻击战中意义极为重大的一场阻击战，事关党中央渡江安全。该战场离军委纵队渡江地点只有五公里，成败直接关系到党中央安危。因为光华铺基本上是开阔的水田和坡度不大的丘陵，并不是理想的阻击战场，因此这是一场无险可守的阻击战。为确保党中央安全渡江，红三军团四师与敌人反复拼杀，四师十团两任团长先后牺牲，终于完成了保护党中央渡江的任务。

缅怀先烈，就是要学习他们信念坚定，对党忠诚。铁流后卫红五军团三十四师，从长征开始就一直担任全军的掩护部队。湘江战役中，红五军团三十四师在完成掩护党中央和中央红军主力渡过湘江后，陷入敌人重围，仅四百余人冲出包围圈。师长陈树湘后来受伤不幸被俘，为了不做敌人的俘虏，他从伤口处拉出肠子绞断，壮烈牺牲，实现了其“誓为苏维埃新中国流尽最后一滴血”的誓言。湘江战役中，党和红军克服重重阻碍突破湘江，几经挫折而斗志更坚，广大红军指战员秉持的坚定理想信念和对党的绝对忠诚，始终闪耀着火热的光芒。

（作者：韦凤云）

一草一木一忠魂　一山一石一丰碑

——新圩酒海井红军烈士纪念碑碑文敬读

酒海井，位于广西壮族自治区灌阳县新圩镇的北部，因形状类似一种大型盛酒容器而得名，井口直径约两米，上小下大，下有一条地下暗河相通。1934年，一百多名红军战士在这里献出了年轻的生命，沉寂在冰冷而幽暗的酒海井里。光阴荏苒，但井口之外和平而幸福生活的人民并不曾忘记他们，为感怀先烈，弘扬红军长征精神，灌阳县于新圩酒海井红军伤员殉难处修建红军烈士纪念碑，碑文如下：

由于中央红军第五次反“围剿”失败，为保存革命力量，红军被迫退出赣、闽苏区，进行战略转移。1934年10月，中央红军8万多人，从江西瑞金、于都和福建长汀、宁化等地出发，开始了举世闻名的长征。在突破国民党反动派设置的三道封锁线后，经湖南道县由永安关、雷口关进入灌阳，拟在全州、兴安间渡过湘江，继续西进。国民党反动派利用湘江天然屏障，集中30万兵

力，妄图聚歼红军于湘江东岸的灌阳、全州、兴安等地区。

1934年11月27日至30日，为掩护中央红军抢渡湘江，中央军委炮兵营，红五师第十四、十五团及红六师第十八团先后受命在新圩至排埠江一带，阻击国民党两个师及一个独立团的疯狂进攻，浴血奋战四天三夜，完成了阻击任务。因形势紧迫，红军撤退时来不及将伤病员安全转移，国民党反动派伙同当地土豪劣绅，将红军设在新圩下立湾村祠堂的临时救护所里的一百多位伤病员捆绑后，残忍地丢进酒海井这个深不可测的地下河里。最后全部壮烈牺牲。

为缅怀先烈，告慰英灵，教育后人，特立此碑。

安息吧，英勇的烈士们！

中共灌阳县委员会
灌阳县人民政府 立
公元二〇〇三年十二月

血染湘江，身殒酒海井

1934年11月25日，中革军委决定中央红军从广西全州、兴安间抢渡湘江，突破国民党军队的第四道封锁线。27日，红五师师长李天佑率部抢在桂军之前，赶到马渡桥以北的杨柳井、排埠江一线，占据有利地形，迅速进入战斗状态，两军相接，红军顽强地顶住了数倍于己的敌人的攻击。29日，红军依然与敌进行殊

新圩酒海井红军烈士纪念碑（灌阳红军长征湘江战役文化保护传承中心　供图）

死搏斗，不放弃每一个山头。桂军开始发动大规模立体攻击，飞机、大炮轮番轰炸，导致红五师伤亡惨重，红十五团一天伤亡五百多人。但红五师依然英勇阻击，掩护兄弟部队渡江。30日，除后卫红五军团三十四师、红三军团六师十八团外，其他所有后续部队都安全过江。红五师以两个团又一个营的兵力，阻击着桂军七个团的攻击，以死伤过半的代价，保证了红军顺利渡江。

不幸的是，部分受伤严重的战士无法行军，暂时留在新圩下立湾村祠堂的临时战地医院接受治疗。反动民团发现这一临时战地医院后，便对受伤的红军展开攻击，用绳索捆绑住受伤战士的手脚，然后将他们扔到酒海井中，一百多名红军战士惨遭迫害。

打捞沉寂的英魂

2003年，灌阳县委、县政府在酒海井红军殉难处修建红军烈士纪念碑及护栏。纪念碑高8.1米，碑身正面刻有“红军烈士纪念碑”七个大字，纪念碑前有一个用白色大理石栏杆围成的方形区域，栏杆正前有一碑，上书“酒海井红军烈士殉难处”，柏树环绕，庄严肃穆。

2017年8月，灌阳县启动酒海井烈士遗骸勘察打捞工作，经过四十三天的打捞、清理、鉴定，确定遗骸年龄在十五岁至二十五岁，全部为男性，遗骸的数量、年龄、死亡方式都与当年遇害红军资料相符，可以确认是1934年被国民党反动民团投进井

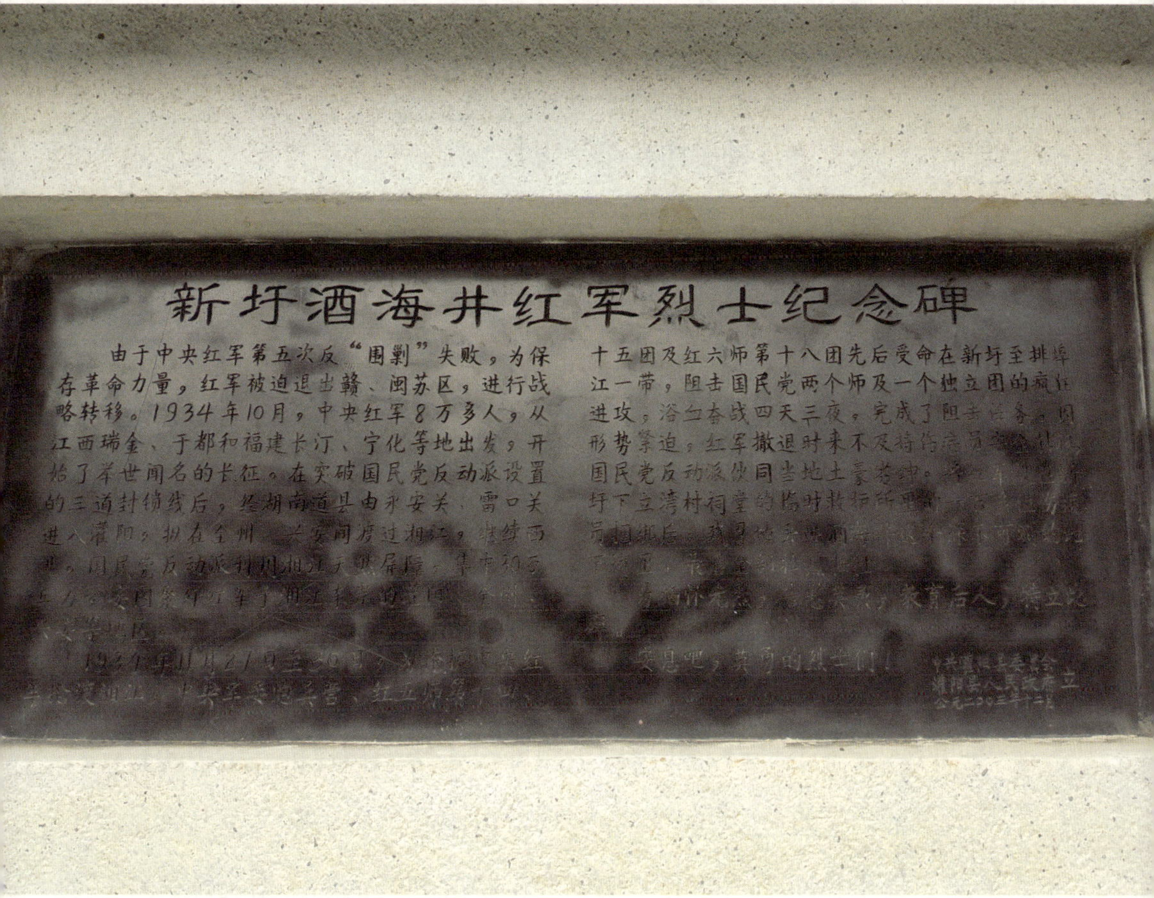

新圩酒海井红军烈士纪念碑碑文（灌阳红军长征湘江战役文化保护传承中心　供图）

里惨遭杀害的红军烈士遗骸。在打捞挖掘遗骸的过程中，发现遗骸还有被棕绳捆绑的痕迹，烈士遗骸已不完整。当地政府还在灌阳全境搜索红军遗骸，并把散落、散葬的红军遗骸归葬在酒海井红军纪念园，烈士英灵终得安息。酒海井烈士纪念碑不仅代表着当年被国民党和反动民团残忍杀害投井的一百多名红军烈士，也代表着在湘江战役中牺牲的所有红军的英魂。

铭记历史，继承遗志

传承先烈“黄沙百战穿金甲，不破楼兰终不还”的坚定信念。长征期间，红军指挥员对战士们讲得最多的一句话是“只要跟党走，一定能胜利”，这种坚定的理想信念，支撑着党和红军渡过艰难险阻最终赢得长征胜利。新圩阻击战中，红五师面对数倍于己的敌人，毫不畏惧，在接到军团部“不惜一切代价，全力坚持三天至四天”的命令后，勇敢杀敌，保障红军后翼安全，其全部的意志都来自对党领导的革命事业必将胜利的信念。据统计，红五师以第十四、第十五两个团和军委炮兵营共三千九百人，阻击了国民党桂军万余人，但自身也付出了惨痛代价，损失三千多人，他们的牺牲和付出，保存了革命的火种，最终换来革命的胜利。

传承先烈“但使龙城飞将在，不教胡马度阴山”的担当精神。酒海井中的英烈骸骨就是当年红军长征不畏牺牲、勇敢担当、甘于牺牲的印证。在灌阳牺牲的将士数量虽然无法完全统计，但每一位英烈都值得敬仰。胡震就是在新圩阻击战中牺牲的一位烈士。他时任红三军团五师参谋长，临危受命，奔赴前线，负责指挥红十五团作战，不幸被敌弹击中胸部，牺牲前他说：“只要还有一个人，就决不让敌人进到新圩。”他的誓言极大地激励着战友们的斗志，他们以一往无前、慷慨赴死的英雄气概，与强大的敌军展开殊死搏斗，牺牲自我，誓死保卫中共中央、中革军委机关渡过湘江。

传承先烈“千磨万击还坚劲，任尔东西南北风”的奋斗精神。艰苦奋斗是共产党人的传家宝。艰苦奋斗成就了红军长征，长征见证了红军的艰苦奋斗。在新圩阻击战中，指导员何诚两天没有吃到一粒粮食，一名通信员捡到一袋炒米交给他，他想到战士们一天都没有进食，便将炒米全部分给大家共同享用。红军战士们在饥寒交迫中依然顽强作战，以惊人的毅力阻击了敌人的进攻。一个民族、一个国家、一个政党、一支军队，只有秉承艰苦奋斗、勇往直前的精神，才能一路披荆斩棘，立于不败之地，取得更大胜利。

（作者：周云瑞）

长征史上最光彩神奇的篇章

——四渡赤水红军烈士陵园纪念碑碑文敬读

四渡赤水红军烈士陵园纪念碑，位于贵州省赤水市南郊杉树坝的四渡赤水红军烈士陵园内。纪念碑正面刻着“红军烈士永垂不朽”八个大字，碑后台阶正上方立附碑一座，上面刻着“四渡赤水红军烈士陵园碑记”，全文如下：

一九三五年一月至三月，中国工农红军第一方面军（中央红军）在党中央和毛泽东同志的指挥下，在赤水河流域黔、川、滇毗邻地区举行了“四渡赤水”之战。

是年，“遵义会议”后，一月十九日，红军挥师北上，拟在泸州、宜宾一带北渡长江，与川陕根据地红军第四方面军会合。国民党急调重兵防守长江、实施围堵。红军抵达赤水县境内，于二十七、二十八日先后在黄陂洞、复兴场、青杠坡与国民党军队展开激战；于二十九日在土城、元厚一渡赤水河，火速行军，越四川古蔺、叙永，进云南扎西。国民党军队四面围

追，迅速追近；红军当机立断，放弃北渡长江，改为东征。二月十八、十九日，在太平渡、二郎滩二渡赤水河，直插桐梓县、奇袭娄山关、再占遵义城，歼敌两师八团，获得长征以来首次大胜。随后，红军移师仁怀，于三月十六、十七日，在茅台三渡赤水河，进入四川古蔺县境，摆出渡江之势，敌军急调各部围堵，红军见敌中计，迅速回师，于二十一日从二郎滩、太平渡、九溪口、淋滩等地四渡赤水河，疾速南进，强渡乌江，近逼贵阳，诱迫蒋介石在贵阳急电滇军援筑（助）。红军调虎离山成功，迅即挥师入滇，佯攻昆明，实策北上，于五月上旬巧渡金沙江，摆脱了数十万敌军的围追堵截，取得了战略转移的决定性胜利。

“四渡赤水”之战，体现了毛泽东等一代伟人实事求是、审时度势、用兵如神的宏才大略。

“四渡赤水”之战，创造了世界军事史上以少胜多的光辉范例；是毛泽东生平军事指挥艺术的“得意之笔”。

“四渡赤水”期间，许多红军将士英勇杀敌，捐躯战场，遗志后世，彪炳千秋。为世世代代弘扬四渡赤水精神，子子孙孙缅怀红军革命先烈，赤水人民敬移境内325位红军烈士忠骨安葬于风光秀美的赤水河畔杉树坝，敬迁全市26个烈士纪念设施于此，将原建“赤水革命烈士陵园”改扩建为“四渡赤水红军烈士陵园”，供后人凭吊瞻仰。爰勒石铭文，以资纪念。

红军烈士永垂不朽！

“四渡赤水”精神诲育千秋！

中 共 赤 水 市 委
赤 水 市 人 民 政 府
二〇一四年十二月重立

四渡赤水红军烈士陵园是全国第一个为纪念四渡赤水战役中牺牲的红军烈士而修建的陵园，成为开展爱国主义教育和弘扬长征精神的重要阵地。

二

四渡赤水红军烈士陵园仿照南京中山陵样式依山而建，正门立有铁链枪式陵园门牌，上面刻着“赤水红军烈士陵园”八个镀金大字。纪念碑是陵园的主体，高19.35米，寓意四渡赤水发生在1935年；碑身呈火炬形结构，用红、白两色花岗石装饰，下部横向标注四渡赤水的具体时间；碑座四周为四幅汉白玉浮雕，生动再现了老一辈无产阶级革命家指挥四渡赤水的战斗场景。

纪念碑后为陵区，呈扇形排开108座大理石竖碑，庄严肃穆，全部以“红军烈士之墓”为碑名；最顶端为长34.2米、高9.5米的巨型长城式屏风墙，屏风墙上刻着毛泽东的《七律·长征》诗，气势磅礴，雄伟挺拔，蔚为壮观。

四渡赤水红军烈士陵园纪念碑俯瞰（赤水市退役军人事务局　供图）

二

八十八年前发生在川黔滇交界地区的四渡赤水战役，是红军长征途中一次决定性的胜利，也是以毛泽东为代表的中国共产党人和红军指战员军事指挥艺术的“得意之笔”，被西方评论家赞誉为“长征史上最光彩神奇的篇章”。

遵义会议之前，中央红军在经历湘江战役后，兵员由长征出发时的八万六千人锐减到三万余人，弹药奇缺、补给匮乏、士气低落。而国民党集结四十万重兵对中央红军进行围堵，企图在黔北地区彻底消灭红军主力，中国革命危在旦夕。1935年1月7日，红军攻克黔北重镇遵义城，之后召开了具有历史转折意义的遵义会议，结束了“左”倾冒险主义在党内的统治，确立了毛泽东在党中央和红军的领导地位，打开了中国革命新局面。

四渡赤水战役正是在这样的背景下进行的。碑文高度概括了战役发生的时间、地点，红军采取的战略战术以及前后经过，展现了毛泽东那“运用之妙，存乎一心”的高超指挥艺术。

三

四渡赤水战役中，以毛泽东为代表的红军将士们不畏艰险，克服万难，展现出了宝贵的精神财富，是中华民族的骄傲。

实事求是的优良作风。“横断山，路难行，敌重兵，压黔境。”四渡赤水并非预定计划，而是根据战场瞬息万变的形势随机应变。土城战斗失利后，毛泽东下令红军主动撤出战斗，放弃北渡长江，一渡赤水跳出敌人包围圈，保存了有生力量。此后，毛泽东依据敌我态势多次修改行军计划，时而向东，时而向西，时走老路，时走新路，寻求歼敌有利战机，最终在太平渡、二郎滩二渡赤水河，回师遵义，一举歼灭敌军两个师又八个团，取得娄山关大捷，这是中央红军长征以来的首次大胜，更是共产党人发扬实事求是优良作风的重要体现。

运筹决胜的指挥艺术。毛泽东一贯的战法是“打得赢就打，打不赢就走”，红军所有战略方针都是建立在“打”这个基本点上的，一切的“走”都是为了“打”。如果没有开始一渡、二渡赤水的“走”，就不能大量调动敌人形成有利战机；如果没有之后三渡、四渡赤水的“走”，就无法迷惑敌人，把敌人拖疲、拖垮，从而实现渡江北上的战略意图。毛泽东所采用的灵活机动的运动战方式，就是让部队迅速前进和后撤，快速集结和分散，声东击西、寻机破敌，坚持把“走”与“打”、消灭敌人和保存实力辩证统一起来，指挥中央红军如同游龙，巧妙地穿插于国民党军队重兵云集的集团之间，积极创造战机，以少胜多，化被动为主动，取得了战略转移中具有决定意义的伟大胜利。

敢于牺牲的英雄气概。四渡赤水是在极为险恶的条件下进行的，红军指战员在近四个月的战斗中时刻面临死亡威胁，但他们凭借钢铁般意志和超人胆识最终获得胜利。红九军团在第四次渡赤水时为掩护主力红军顺利渡江而错失了过河最佳时机，毅然决定继续留在乌江北岸承担诱敌、阻敌、断后、掩护主力红军行动的重任。经过艰苦鏖战，兵力由一万一千人到最后只剩两千余人，无数红军将士用意志和力量、鲜血和生命谱写了一部气壮山河的英雄史诗。长征的脚步和足音已渐渐远去，但伟大长征精神已成为不朽和永恒。

（作者：林业茂　郑大壮）

时代先声　垂教后世

——“一二·九”纪念碑碑文敬读

1935年12月9日，北平数千名青年学生涌上街头，高呼抗日口号，声势浩大的“一二·九”抗日救亡运动就此爆发。1985年12月，为纪念“一二·九”运动五十周年，北京师范大学在校内建立起“一二·九”运动纪念亭，亭内正面左侧中央矗立着“一二·九”纪念碑。

纪念碑由碑座和碑身组成。青石碑座高0.3米，长2.74米，汉白玉碑身高1.6米，长2.5米。石碑的正上方刻有“时代先声”四个字，下面刻着碑名和碑文。碑文撰写于1984年，刻于1992年，记述了北京师范大学学生参加“一二·九”运动的辉煌历史。

一九三五年，日本帝国主义进逼平津，华北危急，中华民族存亡到了严重关头。十二月九日，北平学生在中国共产党领导下，发动了抗日救亡运动，师大学生冲破武装军警包围，最先到达新华门前，与其它（他）学校队伍汇合，举行示威游行，遭到军警

镇压。十二月十六日，师大五百多名学生参加了更大规模的示威集会，阎世臣主持了在前门车站广场的市民大会。翌年一月三日，师大三十多人参加了平津学生南下扩大宣传团，深入河北农村，宣传抗日救国，并于二月一日在师大文学院成立民族解放先锋队，敖白枫首任队长。

在一二九运动中做出贡献的杰出人物有：杨秀峰、周小舟、林一山、王文彬、陈泽云等和江明。七七事变后，师大爱国师生奔赴各抗日根据地，投身于抗日战争，先后牺牲的有：张郁光、王文彬、张仁槐、蒋弼、郭庆云等，他们为国捐躯的悲壮事迹，永铭史册，垂教后世。

北京师范大学

一九八四年撰文

一九九二年勒碑

碑文叙述了北京师范大学学生在“一二·九”运动中的英勇事迹，并将作出贡献的杰出人物姓名镌刻到石碑上，以此来纪念他们“国家兴亡，匹夫有责”的爱国情怀；纪念他们“国自图强锋齿爪，苍茫万众尽兵军”的坚定信念；纪念他们“捐躯赴国难，视死忽如归”的赤子之心。

1935年的华北事变标志着中日民族矛盾上升为中国社会的主要矛盾。12月9日，在中共北平临时工作委员会的领导下，北平数千名学生冲破军警阻拦，汇集到新华门前，高呼“停止内战，

時代先聲
一二九纪念碑
一九三五年，日本帝国主义进逼平津，华北危急，中华民族存亡到了严重关头。十二月九日北平学生在中国共产党领导下发动了抗日救亡运动，师大学生冲破武装军警包围，最先到达新华门前，与其它学校队伍汇合，举行示威游行，遭到军警镇压。十二月十六日，师大五百多名学生参加了更大规模的示威集会，闻世臣主持了在前门车站广场的市民大会。翌年一月三日，师大三十多人参加了平津学生南下扩大宣传团，深入河北农村，宣传抗日救国，并于二月一日在师大文学院成立民族解放先锋队，敖白枫首任队长。
在一二九运动中做出贡献的杰出人物有：杨秀峰、周小舟、林一山、王文彬、陈泽云
明。七七事变后，师大
奔赴各抗日根据地，投身
战争，先后牺牲的有：张郁
王文彬、张仁槐、蒋弼、郭庆云等，他们为国捐躯的悲壮事迹，永铭史册，垂教后世。
北京师范大学

“一二·九”纪念碑碑文

一致对外”“打倒日本帝国主义”等口号，表达了全国人民希望国共两党一致抗日的愿望。国民党北平当局命令警察打开水龙头向学生们喷射，大批军警手持大刀、木棍等，对付手无寸铁的青年学生。学生们毫不畏惧，与军警展开英勇的搏斗，前仆后继，绝不退缩！从黎明到黄昏，百余人受伤，数十人被逮捕。

第二天，北平各校学生组织罢课，抗议反动当局的暴力镇压。12月16日，为反对冀察政务委员会的成立，北平学生举行更大规模的示威游行，却遭到了更多军警的镇压，大批学生被砍伤，街道两侧血迹斑斑。北平学生的爱国运动，得到了全国各地学生的积极响应，天津、上海、南京等城市的爱国学生自发举行请愿集会、游行活动，或通过发表宣言、通电等形式，声援北平学生的爱国行动。“一二·九”运动公开揭露了日本企图吞并华北进而侵略全中国的阴谋，打击了国民党政府的妥协退让政策，使中国人民被压抑的爱国情绪猛烈地爆发出来。毛泽东高度评价“一二·九”运动是“动员全民族抗战的运动，它准备了抗战的思想，准备了抗战的人心，准备了抗战的干部”，是中国历史上的一个非常重要的事件。敬读碑文，我们敬佩先辈们不屈不挠的斗争精神，并从中得到有益的启示。

青年学生是中国革命的先锋力量。面对日益严重的民族危机，国民党却采取“攘外必先安内”的政策，对日军的咄咄紧逼不断退让，北平的青年学生为政府的态度而失望，为国土的沦陷而焦虑，他们振臂一呼，云集街头，为民族之图存而怒吼。在这场惊天动地的运动中，北京师范大学的师生们走在前列，成为青年学生运动的先锋力量。他们参加南下扩大宣传团，成立中华民族解放先锋队进行救亡宣传。在之后的民族解放运动中，北师大学生们纷纷投入火热的斗争中，这当中涌现出很多可歌可泣的人物，如杨秀峰、周小舟、林一山等，他们将铁骨忠心亮于胸前，将热血头颅献给祖国，他们的名字将永远被世人铭记！

中国共产党是青年运动的领航者。在整个“一二·九”运动的过程中，中国共产党发挥了领导作用。毛泽东在回忆这场鼓舞人心的运动时曾说过：“青年学生好比是一二·九运动的柴火，一切都准备好了，只差用火一点。点火的人是谁呢？就是共产党。”1935年8月1日，中共驻共产国际代表团起草了《为抗日救国告全体同胞书》，即八一宣言，呼吁停止内战，一致抗日。宣言的发表给学生指明了斗争方向，使身处彷徨之中的爱国青年看到了救国救民的希望。红军在陕北胜利会师的消息，使北平学生备受鼓舞。11月18日，在中国共产党的领导下，北平成立了学生联合会，爱国学生有了统一的领导组织，使“一二·九”运动“形成了全民族救亡运动的巨大政治力量”。运动爆发后，中国共产党多次公开发表声明支持学生的爱国运动。后来，毛泽东在总结青年运动的历史经验时指出：“青年学生、知识分子也只有跟共产党在一起，才能走上正确的道路。”

知识分子必须与工农群众相结合。中共中央在高度肯定“一二·九”运动的同时，告诫学生们要认清当前的形势，单纯的学生运动是无法完成救国救民这样艰巨的历史任务的，若想彻底实现民族解放、国家独立，就必须发动千千万万的工农群众参与到斗争当中。毛泽东指出："知识分子不跟工人、农民结合，就不会有巨大的力量，是干不成大事业的；同样，在革命队伍里要是没有知识分子，那也是干不成大事业的。只有知识分子跟工人、农民正确地结合，才会有无攻不克、无坚不摧的力量。"在中国共产党领导下，共青团中央发表《为抗日救国告全国各校学生和各界同胞宣言》，号召全体爱国学生把抗日救国运动扩大起来，到工人中去，到农民中去，到商民中去，到军队中去！随后，平津学联响应党的号召，组成南下扩大宣传团，沿平汉铁路南下，沿途揭露日军在东北的暴行、讲述华北的危机形势，并帮助农民建立抗日救国组织。之后又在宣传团的基础上成立了中华民族解放先锋队，扩大抗日宣传，散播革命火种，把抗日救国运动推升到一个新的阶段。

（作者：马伟宣　赵连稳）

风雪祁连山　浴血河西廊

——红军西路军进疆纪念碑碑文敬读

红军西路军进疆纪念碑坐落于新疆维吾尔自治区哈密市红军西路军进疆纪念园内。该纪念园由纪念广场、纪念馆和碑廊三部分组成。纪念广场正中矗立着红军西路军进疆战士铜像，铜像高6.2米，重约5吨，身背大刀，右手握钢枪，目光炯炯注视前方，充分显现了西路军战士英勇顽强、不怕牺牲的革命英雄主义气概。纪念碑造型为红军战士的八角帽，碑体正面镌刻着陈云于1992年12月28日亲笔题写的“红军西路军进疆纪念碑”十个苍劲有力的大字。铜像基座铭刻着李先念在1987年2月20日的题词“红军西路军烈士永远活在我们心中”，背面刻有汉文、维吾尔文碑文：

1936年秋天，中国工农红军长征胜利结束。10月25日，根据中央革命军事委员会的命令，红四方面军第三十军向西渡过黄河，随后第九军和红四方面军总部及第五军也渡过黄河，准备执行宁夏战役计划。后因河东敌情变化，宁夏战役计划中止执行。

11月11日，中共中央和中革军委令过河部队称西路军，领导机关称西路军军政委员会，以陈昌浩为主席，徐向前为副主席。深入河西走廊的西路军指战员2万余人，英勇顽强，不怕牺牲，浴血奋战5个多月，歼敌2万多人，终因敌众我寡于1937年3月失败。余部分成三个支队，在由李卓然、李先念等组成的西路军工作委员会领导下，转入祁连山区打游击，两个支队大部损失，李先念所率左支队历尽艰险，于4月底到达新疆星星峡。

中共中央对西路军的安危极为关怀，曾多方设法营救。1937年5月1日，中共中央代表陈云、滕代远专程来星星峡接应西路军余部420余人，遂途经哈密转至迪化（今乌鲁木齐）。

西路军余部进驻迪化后称中国工农红军西路军总支队，对外称新兵营。他们遵照中共中央的指示，刻苦学习汽车、装甲车、炮兵、无线电、航空、军医和情报等技术。抗日战争爆发，这支部队分批返回陕甘宁边区。

西路军所属各部队是经过中国共产党长期教育并在艰苦斗争中锻炼成长起来的英雄部队，在极端艰难的情况下，在同国民党反动军队进行的殊死搏斗中西路军的广大指战员坚持革命，不畏艰险的英雄主义气概，为党为人民的英勇献身精神，永远值得人们尊敬和纪念。

在斗争中为中国革命事业牺牲的烈士永垂不朽！

中共哈密地区委员会

哈密地区行政公署

1993年10月1日

红军西路军进疆纪念碑

碑文主要分为三方面内容。

一是阐述了红军西路军战斗和进疆的历程。红军长征结束后，红四方面军第五、第九、第三十军及总部两万余人奉中革军委指示，西渡黄河执行宁夏战役计划。后因敌情变化被迫中止。1936年11月11日，中央和中革军委决定过河部队组成西路军，在河西创立根据地，打通国际交通线。由于没有根据地作为依托，西路军孤军作战，在遭到西北军阀马步芳、马步青等围追堵截的情况下，终因敌众我寡于1937年3月失败。西路军余部三千余人分成三个支队，由李卓然、李先念等组成的西路军工作委员会领导转入祁连山区打游击。其中两个支队大部分损失，一个支队3月底改编为左支队，4月由李先念、程世才率领向新疆东大门星星峡进发。这是西路军保留下来的唯一一支整建制部队。

二是讲述了中共中央代表陈云、滕代远奉命接应西路军的经过。西路军孤军转战河西走廊之后，党中央和毛泽东对其安危极为关怀，采取一系列措施支援和营救西路军。作为中共中央政治局常委的陈云，根据共产国际和中共驻共产国际代表团的决定，1936年底从莫斯科赴新疆接应西路军。分散突围的西路军左支队指战员克服重重困难，于1937年4月底陆续抵达星星峡。5月1日，陈云、滕代远等携带四十多辆汽车，满载着服装、食品和药品等物资，代表党中央前往星星峡迎接西路军左支队。左支队指战员齐聚在党中央代表周围，欢呼雀跃，激动万分。5月4日，西路军左支队四百多人乘汽车经哈密到达迪化（今乌鲁木齐）。

三是讴歌了西路军及余部为革命作出的巨大贡献。1937年5月7日，西路军左支队进驻迪化，在中共驻新疆代表陈云直接领导下，下设干部大队和四个建制大队及直属总务科、医务室、警卫排。后经请示中央同意，取消左支队番号，成立中国工农红军西路军总支队，对外称新兵营，下属第一、第二、第三大队学习汽车驾驶，其中第三大队在学会驾驶汽车的基础上再学习驾驶装甲车与战术，第四大队学习各种炮兵技术，还有学习无线电通信技术、军医和兽医相关知识等，并派专人到苏联学习情报。此后，经中共中央批准，1937年秋抽调二十五人到新疆航空队学习航空技术，组建了我党领导的第一支航空队。1938年，又抽调多名干部参加新疆抗战工作。他们在中共驻新疆代表的领导下，在发动和团结新疆各族人民支援抗战、建设新疆、教育群众等方面作出了卓越贡献，在新疆大地播下了革命火种。

敬读碑文，要继承弘扬西路军精神。

一是坚定信念、忠贞不屈的革命理想主义精神。西路军在奉命西渡黄河西征过程中，历经曲折而不畏艰险，屡受考验而不变初衷，靠的就是坚定的理想信念和忠贞不屈的革命理想主义精神。不管是面对复杂多变的斗争局势，孤立无援的险恶处境，还是面对敌人的疯狂“围剿”，在部队付出惨重伤亡情况下，他们始终保持革命必胜的信念、血战到底的意志、坚贞不屈的气节。左支队在李先念等带领下，风雪祁连山，最终到达新疆。

二是不怕牺牲、视死如归的革命英雄主义气概。西路军在这场生死存亡的大搏斗中，始终以不怕牺牲、视死如归的革命英雄主义气概，斩关夺隘、一往无前。面临缺粮食、缺弹药、缺衣服的困境，他们强渡虎豹口、鏖战一条山、血战古浪、激战凉州、攻克永昌、占领山丹、血染高台、奋战倪家营子、冲出梨园口、兵败祁连山、西进星星峡，浴血河西疆场，谱写出一部气壮山河的英雄史诗。

三是顾全大局、一往无前的革命英勇献身精神。红军三大主力会师后，红四方面军广大官兵坚定政治立场，绝对听党指挥，以党和革命的根本利益为重，立即奉命西征，面对强大的敌人，他们没有畏怯，而是坚决地服从党中央和中革军委的指挥和调遣。西征过程中，党中央和中革军委根据急剧变化的政治、军事形势，多次调整战略任务，命令部队时而西进，时而东返，时而驻守。西路军指战员坚决顾全大局，服从命令，叫向西就向西，叫向东就向东，叫打就打，叫停就停，坚决用中央的指示统一思想和行动，为了革命不惜牺牲一切。

（作者：卫东刚　党恒星）

今日徒河溶溶水　多少忠烈血换来

——冀鲁边区革命纪念园人民英雄纪念碑碑文敬读

在山东省乐陵市冀鲁边区革命纪念园内，矗立着冀鲁边区革命纪念园人民英雄纪念碑和烈士墙。纪念碑高9.3米，象征9月30日烈士纪念日，碑身正面镌刻着“人民英雄永垂不朽”八个鎏金大字。两侧的烈士墙上刻有冀鲁边区24个县（市、区）的30215名烈士名单，寓意是让每一位烈士都继续关注他们曾经抛头颅、洒热血的这片沃土，关注冀鲁边区各项事业的发展。纪念碑背面刻有碑文，全文如下：

冀鲁边区，沃原辽阔，民风淳朴刚毅，志士仁人辈出。百余年来，国遭欺凌，冀鲁边区儿女挥长缨卫社稷，诛顽敌正乾坤，披荆斩棘，功勋卓著。大革命和土地革命时期，共产党人即于冀鲁边区大地点燃燎原星火；抗战时期，成为抗战根据地；解放战争时期，又成为我军之坚强后方。历次革命战争期间，数万名冀鲁边区儿女从戎报国，彼等前仆后继，浴血疆场，有十余万人英

勇献身。社会主义革命和建设时期，冀鲁边区人民自力更生、艰苦创业，经济发展日新月异，城乡面貌万象更新。无数优秀儿女为中华民族之解放和发展贡献杰出，其光辉业绩彪炳史册，千古传颂；其崇高精神辉耀大地，万民景仰；其英名将永远镌刻于人民心中。为褒扬人民英雄，启迪并激励后人，继承和发扬优良传统，开创冀鲁边区更加美好之未来，公元二零一四年秋，秉承广大人民群众夙愿，特立斯碑以志。

中共德州市委
德州市人民政府
公元二零一四年九月

伫立碑旁，敬诵碑文，冀鲁边区艰苦奋战的峥嵘岁月历历在目，无数革命先烈用热血铸就的冀鲁边精神熠熠生辉，照耀着后继者前行之路。

山东抗日烽火在冀鲁边燃起

冀鲁边区亦称津南、鲁北地区，是天津、济南两大重镇南北相夹的战略要地，徒骇河穿流其间。1937年七七事变后，平津迅即沦陷，日军沿津浦路南犯，冀鲁边区首当其冲，最先遭到日军铁蹄践踏。在这危亡关头，冀鲁边区党组织果断承担起领导抗战的重任，于7月15日组建华北民众抗日救国会和华北民众抗日救国军，站在了华北平原抗日游击战争的最前列。8月13日，抗日救国军在乐陵县黄夹镇发动了山东省最早的抗日武装起义，而后东征西讨，连克日伪侵占的盐山、无棣、乐陵、庆云等县城，建立了数个抗日民主县政府，控制了以乐陵为中心的东西约百里、南北五六十里的区域，冀鲁边抗日根据地初步形成。

1938年，根据毛泽东“派兵去山东”的指示，八路军主力部队点将拨兵分赴各地。9月，肖华率领第一一五师东进抗日挺进纵队进驻冀鲁边区乐陵县城，对边区各路抗日队伍进行统一整编，全力组织开展对日作战，使冀鲁边抗日烽火迅速燃成燎原之势。到1939年9月，冀鲁边区的抗日武装力量由原来的不足三千人发展到两万余人，成为山东六大战略区中主力部队发展最快、人数最多的一个区。

平原抗日根据地艰苦奋战的典范

冀鲁边抗日根据地的存在和发展，直接震慑着被日军视为“生命线”的津浦铁路大动脉和沿线的天津、沧州、济南等城市。1939年至1940年，为增援山东抗日根据地，边区先后分九批输送一万五千余名官兵转战鲁西、鲁南。边区主力部队转移后，日军重兵回师华北，利用冀鲁平原缺少屏障的地形特点，采取以据点、公路为“链锁”的“囚笼政策”，动用机动部队快速出击，在“囚笼”中反复搜索“扫荡”，来回穿插“蚕食”。久经考验的冀

冀鲁边区革命纪念园人民英雄纪念碑（冀鲁边区革命教育基地管理中心　供图）

鲁边区党政军民没有退缩，咬紧牙关，克服困难，采取化整为零、分散隐蔽的斗争策略，灵活机动地坚持平原游击战。

冀鲁边区没有山，人民群众就是最大的靠山。边区军民同心同力，改造平原地形，大挖地道，把道路挖成纵横交错、村村相通的交通沟，阻滞日军的行军速度，又便于抗日部队伏击敌人、隐蔽转移。在广大群众的支持和“地下长城”的掩护下，边区部队在“囚笼”中巧与敌人周旋，广泛运用地道战、地雷战、破袭战、麻雀战等战法，积极开展反封锁斗争，以困不死、打不散、压不垮的英勇反抗精神，粉碎敌人大规模“扫荡”十余次、“治安强化运动”五次，击退国民党反动派制造的数次摩擦和袭击，有力牵制、打击和消灭了大量敌人。在对敌斗争中，边区发展成有两万五千名党员、两万余人的武装、六百万人口，活动区域达二十四个县的重要战略区，成为全国两处坚守下来的平原抗日根据地之一。

冀鲁边精神永放光芒

敬读碑文，抚今追昔，我们可以真切感受到当年冀鲁边区党政军民在艰苦奋战中所迸发出的坚定信念和英勇气概。“敢为人先、大爱为国、不屈不挠、团结奉献”的冀鲁边精神跨越时空，依然让人荡气回肠，热血沸腾。

敢为人先，开拓奋进。冀鲁边区共产主义思想传播早，党的组织建立早、活动早，为开展抗日斗争和创建抗日根据地打下了坚实基础。全面抗战爆发后，边区的革命先烈高擎战旗，誓死抗争，创造了山东抗战历史上的“四个第一”：华北民众抗日救国军是山东第一个抗日民众团体和武装，领导了省内第一次农民抗日武装起义，打响了中国共产党领导的山东抗日第一枪，在乐陵创建了第一个县级民主政府，充分体现了边区军民敢于斗争、敢于胜利的精神底气。

同甘共苦，大爱为国。冀鲁边区军民同仇敌忾，生死与共，涌现出无数英雄模范。“边区慈母”马振华为保证战士们能吃饱肚子去打仗，把自己饥肠辘辘的妻子和两个孩子赶去讨饭，不让他们吃军粮。深明大义的“革命母亲”常大娘，为掩护战士挖成可容纳近百人的地道，常大娘家成为边区三地委和靖远县委的机关驻地，毛泽东称赞她为“大爱为国，革命母亲”。当时边区有首歌谣唱道：“八路军呀好比一条鱼呀，老百姓就是河中水呀！”生动诠释了边区军民鱼水情深、同甘共苦的真挚情怀。

不屈不挠，坚韧自强。在八年全民族抗战的艰苦岁月中，冀鲁边区军民在党的领导下，始终不屈不挠，浴血奋战，用血肉之躯筑起牢不可破的革命阵地，使冀鲁边抗日根据地岿然屹立于星罗棋布的碉堡岗楼之中，一直坚持到抗战胜利，为中华民族解放事业付出了巨大牺牲。七十多名县团级以上干部慷慨就义，十多万名基层干部、战士和群众为国捐躯，充分展现了边区军民不畏牺牲、一往无前的英雄气概。

精诚团结，无我奉献。冀鲁边区党组织高举抗日旗帜，团结改造国民党进步势力、地方实力派，组织动员回族群众，共同抗战。冀鲁边区回民支队能征善战，多次受到通令嘉奖，国民党任命的乐陵县县长牟宜之倾其县政府财粮积蓄支援八路军，还有散尽家财的开明乡绅、潜伏敌穴的“两面村长”，不遗余力为抗战部队提供物资援助，充分彰显了中华民族一脉相承的爱国热情和中国共产党抗日民族统一战线的凝聚力。

（作者：陈赛　闫化川）

巍巍太行展红旗

——七亘大捷纪念碑碑文敬读

八十多年前，刘伯承带领八路军痛击进犯山西的日本侵略者，取得歼敌四百多人的辉煌战绩，把一个名不见经传的小山村载入了史册。如今，在山西省平定县东回镇七亘村口，巍然耸立着一座纪念碑，四面体柱式汉白玉造型，由碑座、碑体和碑顶三部分组成。正面碑文刻着徐向前亲笔题写的“七亘大捷纪念碑”七个苍劲有力的大字，碑体两侧上部是步枪、红旗和五星组成的图案。纪念碑主碑周围同立十余通副碑，全方位、多角度图文并茂地介绍了那场震慑敌胆、“重叠待伏”的经典战例——七亘大捷。纪念碑背面碑文如下：

七亘大捷纪事

一九三七年七月，日军发动全面侵华战争，我军民奋起抗战。八路军一二九师在刘伯承师长率领下，东渡黄河，以太行山区为中心，创建晋冀豫抗日根据地。是年十月中旬，刘师长

率部开至正太路南，宿营于平定马山村。十月二十五日，获悉日军二十师团将取道九龙关迂回向平定开进，其辎重部队千余人由测鱼西上。七亘村系由测入平必经之地，刘师长借其地利，将七七二团三营设伏于此。翌日九时许，日军辎重部队在步兵掩护下进入伏击区，指挥员一声令下，伏兵居高临下出击。顿时，枪弹呼啸，杀声震谷，敌军惊恐万状，进退维谷，当场被击毙三百余人，并有大批军需物资和三百多匹战马被我方缴获。日军败退后，按兵家常规测度，以为我军得胜已撤，经严密组织兵力，于二十八日又沿原路向平定进犯。刘师长出敌意外，反常用兵，再次于七亘巧摆奇阵，致使敌人重陷伏击，弃尸百余具，骡马数十匹，溃败逃窜。连续两次伏击，我军伤亡三十余名，歼敌四百多人。七亘大捷是刘帅首次运用重叠的待伏战术的光辉战例。从此揭开了太行山区抗日游击战的序幕，为建立平东抗日根据地奠定了基础。值此纪念抗日战争胜利四十周年之际，在七亘树碑铭记大捷之经过，以缅怀殉国英烈，赞颂老一代无产阶级革命家的丰功伟绩，激励后人学习先辈的爱国献身精神，为振兴中华建功立业。

一九八五年十月

碑文五百余字，记述了七亘大捷的战斗过程及重大意义，铭记历史，缅怀不畏强敌、以身殉国的英烈，弘扬伟大的爱国主义精神，读后令人肃然起敬。

七亘大捷纪念碑（中共平定县委党史研究室　供图）

临危受命　挥戈东进

1937年7月7日，卢沟桥事变爆发，日本帝国主义悍然发动了全面侵华战争。继北平、天津相继失陷后，日军以二十万兵力大举进犯我华北地区。同年10月，日军占领石家庄，沿正太铁路西犯，妄图一举攻取太原，掠夺山西的煤炭资源，瓦解国共两党的晋北抗日联盟。国民党守军与日军对垒娘子关、固关一线，国民党军队作战失利，仓皇溃退，娘子关告急。八路军第一二九师师长刘伯承临危受命，率部东渡黄河，驰援娘子关国民党友军，以太行山区为中心，创建晋冀豫抗日根据地。10月中旬，刘伯承率部开至正太路南，于平定马山村宿营。经侦察，获悉日军第二十师团正在向山西平定迂回开进，前锋直指太原，其辎重部队千余人在测鱼镇驻屯，负责向前方供应弹药粮食。刘伯承判断分析，日军为了控制正太路南的平行大道，必然加紧从井陉至平定的小路运兵运粮，遂计划在此设伏，以钳制日军迂回进攻，掩护娘子关友军。

缜密侦察　巧妙设伏

选定地形是伏击战的重要决胜因素。刘伯承亲自实地察看地形，发现七亘村四面环山，一关两口，三道关锁，沟壑纵横，峡谷陡峭，道路奇险，地势非常险要。日军要从河北进攻山西平定，就绕不开七亘村这个咽喉要道。10月25日，刘伯承即令部队利用七亘村、南峪之间的有利地形设埋伏。我军获悉日军第二十师团已向平定方向急进，其辎重部队一千余人在距七亘村十公里外的测鱼镇宿营。第一二九师三八六旅七七二团三营充分利用有利地形，把主要兵力埋伏在山道南侧四五十米处的土坡上。10月26日上午9时许，我军放过日军先头部队一百余名警戒，待敌辎重部队进入伏击区，而后方掩护部队尚未跟进时，指挥员一声令下，发起突然袭击。我军居高临下，向敌人猛烈开火，日军遇袭后猝不及防，摸不清方向，兵力无法展开，火力不能施展，人马互相踩踏，进退维谷。我军势如破竹冲进敌群展开肉搏战，采用拦头、截腰、堵尾战法，把敌人截成三段，迎头痛击。战斗中七七二团十二连四班战士、共产党员杨绍清冲在最前面，与迎面围上来的七名日军拼刺刀，在身负三处重伤的情况下，刺死日军六名，刺伤一名，夺获步枪三支。十一连连长李春山的刺刀在打拼中折断，他在用枪托和敌人搏斗中，不幸身中多处刀伤，霎时鲜血直流。李春山一声怒吼，猛地把枪向敌人身上摔去，趁敌人一愣神，拼尽全力扑上去将敌人撞倒，击毙了日军，壮烈牺牲。至11时许，日军除一部分仓皇溃逃外，其余三百余人均被我军歼灭，我军缴获三百余匹战马及大量军用物资，仅伤亡十余人，取得了第一次七亘村战斗胜利。

七亘大捷纪念碑碑文（中共平定县委党史研究室　供图）

反常用兵　精妙取胜

第一次七亘村伏击战取得胜利后，我军本应迅速撤离，另寻战机。刘伯承进一步分析敌情，认为日军第二十师团正向平定进犯，急需军用物资，敌人在七亘村受到打击后，与前方的交通联系被我军切断，大批军需物资急需向前方运输。在打通正太路之前，仍然只能走七亘村为先头部队送补给。刘伯承对兵家常理反其道而行之，果断命令七七二团三营于同一地点再次设伏，“守株待兔”迎击敌人。28日，日军派一百余名骑兵、三百余名步兵掩护辎重部队再次向七亘村进犯。当日军骑兵、辎重部队进入我军伏击圈，我军发起攻击，日军万万没有想到会在同一个地方再次遭袭，顿时被打得人仰马翻，晕头转向，仓皇弃尸百余具，骡马数十匹，溃败逃窜。连续两次伏击，我军伤亡三十余名，歼敌四百多人。

七亘大捷是第一二九师进入太行山的第一个大胜仗。由此点亮了太行之巅的抗日烽火，挺起了抗日救国的脊梁，并率先在太行山建立起抗日平东县政府。刘伯承运用“重叠待伏”战术取得胜利的光辉战例，是八路军将士用鲜血和生命凝成的丰碑，也是抗日战争初期，继平型关大捷后我军较大的一次胜仗，揭开了太行山抗日游击战的序幕。这一以弱胜强的辉煌战绩，体现了八路军不怕困难、敢于迎战强敌的决心和勇气，振奋了军心民心，打出了八路军军威，打破了日军不可战胜的神话。这一战役，给侵略者以重创，给民众抗日以信心，极大地激发了全国人民奋起抗战的热情。七亘大捷有力打击了日军的嚣张气焰，支援了忻口会战正面战场，彰显了我党我军的抗战决心和意志。共产党领导的八路军和新四军，以“为有牺牲多壮志，敢教日月换新天”的英雄气概，不畏强敌，敢打硬仗，为抗战取得胜利奠定了基础。

（作者：李萍）

抗击侵略者的革命英雄主义精神垂范后来

——徂徕山抗日武装起义纪念碑碑文敬读

徂徕山抗日武装起义纪念碑位于山东省泰安市徂徕山起义旧址的马头山上。纪念碑碑体坐北朝南，整体高二十三米，碑身呈长方体，正面镌刻着“徂徕山抗日武装起义纪念碑”十二个镏金大字，背面刻有当年参加徂徕山武装起义的老战士、著名书法家武中奇撰书的碑文，全文如下：

一九三七年七七事变后，日本军国主义者疯狂发动了全面侵华战争，中华民族陷入深重危难，亿万同胞处于水深火热之中。中共山东省委根据中央到敌后独立自主地开展游击战，创建抗日根据地的指示，迅速率领机关干部和济南市一部分党员，分批先后由济南迁到泰安，和中央派来的红军干部、省民先队、平津流亡学生组成一支抗日救亡队伍，在泰安地下党的全力配合下，分赴泰安、莱芜、新泰、泗水、宁阳等地，深入农村城镇，发动群众，开展抗日宣传，控诉日寇侵略暴行，激发并组织广大人民群

众，投入抗日救亡斗争。同年11月，省委在泰安篦子店召开省委紧急扩大会议，充分研究了当时的形势和条件，毅然决定武装起义，并对起义的组织准备工作做了周密的安排。一九三八年一月一日，省委率领共产党员、民先队员及爱国志士约二百人，集聚徂徕山大寺，宣布成立八路军山东人民抗日游击第四支队，任命洪涛为支队长，黎玉为政委。不数日，莱芜、新泰、泗水、宁阳等地抗日武装在我党的领导下，纷纷携带长矛、大刀、火枪、土炮，会师于徂徕山光华寺，汇集成一支英雄的抗日武装，举起了山东敌后武装抗日的义旗。四支队成立伊始，即重视党的领导和政治思想工作，宣布三大纪律八项注意，苦练杀敌本领，发动人民群众机智地捕捉战机。初战寺岭，大振军威，再伏四槐树，痛击日寇，继又进占莱芜，攻入博山。连续的胜利大大鼓舞了人民斗志，有力地打击了日伪的嚣张气焰。同时，还在战斗中壮大了党的力量，培养了大批干部，创建和发展了山东抗日根据地，为抗日战争和解放战争的胜利作出了重大贡献。徂徕山起义军民抗击侵略者的革命英雄主义精神垂范后来。爰立此碑，以铭永志。武中奇书。

中共山东省委

山东省人民政府

一九八七年立

碑文内容质朴而沧桑，记录了那段硝烟弥漫的峥嵘岁月，它以穿越时空的感人力量，昭示着抗击侵略者的革命英雄主义精神

徂徕山抗日武装起义纪念碑（徂徕山抗日武装起义纪念馆　供图）

永放光芒。

敬读碑文，读出了听党召唤、敢于担当的气概。七七事变后，日本侵略者发动全面侵华战争，北平沦陷、天津失守，亿万同胞处于水深火热之中。1937年9月，中共中央北方局发出号召："共产党员脱下长衫，到游击队去！"中共山东省委迅速响应，从济南分赴泰安、莱芜等地，深入农村开展抗日救亡斗争。1938年1月1日，共产党员、民先队员及爱国志士约二百人，高举一面绣有镰刀斧头和"游击"二字的红旗，集聚徂徕山大寺，担当起引领群众进行抗日斗争的使命，点燃了党领导山东人民抗日武装的烽火。这次起义首次打出了八路军的旗号，发挥了山东抗战的源头作用，揭开了山东党组织领导抗日战争的序幕。

敬读碑文，读出了不畏强敌、英勇斗争的精神。极端恶劣的环境和日军的暴行没有吓退英勇的山东军民。山东省委审时度势，果断选择在国民党韩复榘部队开始撤退，日本侵略者向南进军但在山东立足未稳，而广大人民的抗日情绪日趋高涨之际，作为发动起义的最佳时机。在庄严的起义誓师大会上，省委书记黎玉宣布，八路军山东人民抗日游击第四支队正式成立。徂徕山起义部队整训两周后，随即拿起武器，开始与凶恶的敌人展开殊死战斗。在寺岭村打响了抗击日本侵略者的第一枪，首战告捷击毙十名日军。2月，四槐树伏击战又获胜利，有效地震慑了敌人，鼓舞了群众。在随后的两个多月时间里，第四支队在战火中受到洗礼，走蒙阴、下费县、进莱芜、上博山，队伍迅速壮大。4月已经发展到近三千人，成为鲁中地区的一支主要抗战力量。在徂徕山起义的感召之下，短短数月之间，山东其他地区的抗日武装起义相继爆发，气势磅礴的抗日武装斗争遍及全省，为山东抗日根据地的形成打下了良好基础。1938年12月，八路军山东纵队成立，第四支队编为八路军山东纵队第四支队。

敬读碑文，读出了政治建军、军民一家的本色。当时之所以选择徂徕山作为起义发动地，首先是因为徂徕山具有重要的战略地位，它北倚泰山，南靠蒙山，东临莲花山，西近津浦铁路；内有群山可屏，攻守兼宜，战略回旋余地大。而更重要的原因是，这一带党的力量较强，早在1925年，党就在徂徕山地区开展活动。1926年春，建立了我党在泰安的第一个支部。党在广大知识分子和工农群众中具有广泛的影响，群众基础好。中央派来山东的红军和回乡的共产党员就是发动武装起义的骨干力量。1937年9月中下旬，中共中央北方局在太原召开了华北数省及部分地区党组织负责人会议，会议部署了发动群众、组建武装，开展游击战争等工作。会后，山东省委遵照中共中央北方局的指示，结合山东实际情况，10月在研究部署全省抗日武装起义的计划时，就确定以徂徕山为集结点，发动抗日武装起义。

敬读碑文，读出了坚持党的领导、加强思想政治工作的传统。八路军山东人民抗日游击第四支队是党在山东建立的第一支革命武装，从建立之初就打出了共产党领导的八路军的旗号。第四支队在党的直接领导下进行对敌斗争，经受战争的考验，和群众一起不断取得抗战的胜利。第四支队从建立之初就设立了党的组织和政治工作制度，即在各中队成立党支部，在每个班配备了“政治战士”。他们有计划地组织起义部队进行军事训练，开展站岗放哨、投弹射击、利用地形地物训练等，快速提高队员们的军事素质。针对部分起义人员政治觉悟低、组织纪律性较差、思想不统一等问题，尤其重视通过党组织和“政治战士”对他们进行纪律教育，开展政治学习，教大家学习三大纪律八项注意，教战士学唱《国际歌》和其他抗日歌曲。同时成立了宣传队，深入各村各户，通过宣传演出、扶弱助困，起到了号召抗日、募捐粮饷、扩大武装的作用。

（作者：焦丽萍）

千古莱州　丰功殊勋

——莱州革命烈士纪念碑碑文敬读

在山东省莱州市中轴线北端的玉皇顶最高处，矗立着一座雄伟壮观的革命烈士纪念碑。碑高十八米，呈灯塔式造型。纪念碑正面镌刻着毛泽东手迹“革命烈士纪念碑”，背面镌刻着毛泽东手迹“死难烈士万岁”。纪念碑平台栏杆用汉白玉大理石砌成，基座用花岗岩毛石砌成。基座刻有碑文：

千古莱州，人杰地灵。广大人民在中国共产党的领导下，为了新中国的诞生及建设伟业艰苦奋斗，贡献甚大。在革命斗争和社会主义建设中，五五九六位革命志士洒热血，抛头颅，捐躯献身。为铭记中华优秀儿女的高风亮节，丰功殊勋，择玉皇顶武装起义之圣地为址，立碑纪念，以彪炳千秋，永传后世，激励人民奋勇前进。

中共莱州市委

莱州市人民政府

一九九一年十月立

莱州革命烈士纪念碑（莱州市烈士陵园　供图）

莱州革命烈士纪念碑之所以选址玉皇顶，碑文之所以称玉皇顶为“圣地”，是因为玉皇顶对于党领导的莱州革命具有特殊的重要意义。玉皇顶是莱州发动抗日武装起义的地方，打响了莱州武装抗日的第一枪。

胶东抗日烽火在玉皇顶燃起

莱州原称掖县，位于山东半岛西北部，是山东沿海的重要县邑。1928年，省立九中学生王鼎臣、郑耀南等加入中国共产党，两年后他们成立了直属山东省委的中共掖县委员会，领导莱州人民开展革命斗争。

1937年卢沟桥事变爆发后，被国民党通缉在外流亡的原县委书记郑耀南，曾在东北军做兵运工作的共产党员张加洛等，相继回到掖县，成为抗日的骨干力量和新鲜血液。10月，掖县县委召开会议，张加洛宣读了共产党员脱下长衫到游击队去的号召。在与上级党组织失去直接联系、没有得到上级党组织直接指导的情况下，掖县党组织自觉按照中共中央和山东省委的抗战方针，承担起领导人民抗日救国的历史重任。

十月会议后，县委动员党员先鼓励亲朋好友，再以滚雪球的方式大量吸收群众参加抗日武装。不到一个月的时间，掖县党组织就组织成立了人民抗日义勇队等六支抗日武装。1937年12月，国民党县长弃职逃遁，韩复榘军队仓皇撤退，民众恐慌情绪蔓延。

在这危急关头，掖县党组织公开承担起领导抗战的任务，决定将党领导的抗日武装统一起来，吸收掖县民间抗日组织“民抗”，组成掖县民众抗敌动员委员会。共产党员在掖县民众抗敌动员委员会领导层的五个席位中占四席，掌握了抗日武装的领导权。

1938年1月，日军三千多人从青岛登陆，沿烟青公路北上进犯。农历正月初二，本来正是和平年间老百姓欢度春节的日子，当天占领了掖县城的日军逼迫人们开会，当众委任掖县商会会长刘子容为维持会会长。刘子容组织武装队伍，成立伪县政府，取缔一切抗日活动和抗日组织。掖县县委确定了抗敌除奸的任务，计划乘掖城庙会之际，乔装进城消灭伪政权，但计划因故被迫中止。

掖县县委认为既然秘密攻城不成，不如干脆公开发动武装起义，直接武装攻城。这是掖县党组织第一次领导武装起义，为稳妥起见做了起义成功与失败两种准备。县委为此安排了两套班子：郑耀南率部分党员发动起义，张加洛率部分党员潜伏地方。如果起义失败，郑耀南率部到山区打游击，张加洛率部就地开展秘密工作，以利于部队与地方接应支援。富庶的掖县把城墙修得固若金汤，素有“铁打的莱州”之称，强攻必须与计取相结合。为此，在起义前派两位战士潜入城内作为内应；为防止伪军对外求援，提前切断了城内通往青岛、烟台、潍县的长途电话线。

1938年3月8日夜，起义部队四百多人在玉皇顶集合。攻城命令下达以后，部队包围了掖城四个大门。因内应被捕，直到9日

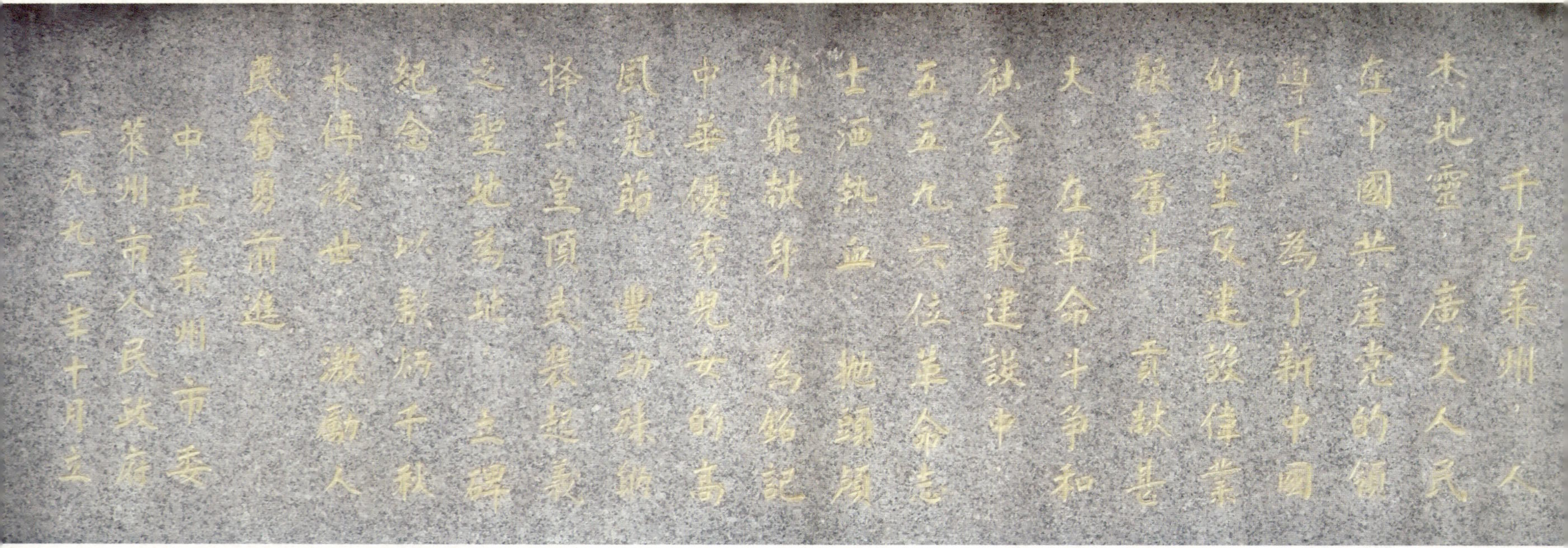

莱州革命烈士纪念碑碑文（莱州市烈士陵园　供图）

上午8点，城门仍未能打开。郑耀南决定军事攻势与政治攻势并举，组织部队一齐向城内喊话。“中国人不打中国人，中国人要团结起来打鬼子”“不要再给鬼子卖命了”等口号响彻掖城四周。在强大的攻势下，伪保安队队长从城内开门。部队攻下县城，活捉伪县长，起义胜利了。玉皇顶起义深刻改变了胶东抗战格局，是山东抗日武装起义的重要组成部分。

掀开胶东抗战新的一页

玉皇顶起义后，为了适应新的斗争形势需要，1938年3月9日，掖县县委以掖县民众抗敌动员委员会为基础，成立胶东抗日游击队第三支队。面对外敌入侵，很多具有爱国情怀的志士，矢志建立抗日武装团体。这些团体最初是一两人或三五人，渐次达到数十人，再至数百、数千人。他们最初未经过军事训练，毫无斗争经验，武器装备低劣，但他们抱定了天下兴亡、匹夫有责的信念，涓涓细流终于汇成全民族抗战的强大力量。胶东抗日游击队第三支队发展到三千七百多人，成为当时胶东人枪最多的抗日武装。

胶东抗日游击队第三支队刚成立，就意识到坚强领导和严明纪律的重要性，他们在宣传大纲中指出，“虽然是由老百姓组成的，但他绝不是乌合之众，绝不是无目的无意识的瞎闹。因为抗日救国也绝不是一件儿戏的事情，没有坚强的领导，严密的组织，以及每个分子的坚决勇敢与牺牲精神，他不用等到敌人来破坏，自己本身就会崩毁的”。党注重思想建党、政治建军，大队普遍建立了党支部，设立了由共产党员担任的政委，逐渐把胶东抗日游击队第三支队建设成党领导的新型抗日武装。胶东抗日游击队第三支队建立了铁的纪律，强调“绝不侵害老百姓一针一线”。部队密切与老百姓的关系，指出“他们代表的利益，也就是老百姓的利益”，“游击队跟老百姓本来就是一家人”。

玉皇顶起义胜利后，成立了掖县抗日民主政府。这既是胶东第一个抗日民主政权，也是山东津浦路以东第一个抗日民主政权。玉皇顶起义从根本上改变了胶东抗战的局面，形成了由党领导的两支最大抗日武装在胶东东西并立的格局，西面是玉皇顶起义后形成的胶东抗日游击队第三支队，东面是天福山起义时形成的山东人民抗日救国军第三军，为以后胶东特委和三军西进，开辟胶东抗日根据地发挥了重要的战略作用。1938年8月，西进的山东人民抗日救国军第三军与胶东抗日游击队第三支队正式合编。9月，改番号为八路军山东人民抗日游击第五支队。12月，八路军山东纵队成立，八路军山东人民抗日游击第五支队遂更名为八路军山东纵队第五支队，第五支队由分散的游击队变为在战略上有统一指挥的游击兵团的一部分。当月，胶东特委在掖县召开胶东区第一届党员代表大会，选举产生了中国共产党胶东区委。掖县成为胶东抗战的中心。党在胶东领导的新民主主义革命，掀开了新的一页。

玉皇顶起义是莱州、胶东及山东抗战的重要篇章，体现了伟大的抗战精神。在这种精神激励下，莱州人民为民族独立和人民解放进行了不屈不挠的斗争。抗日战争中，莱州共有一万四千九百多人参军，其中有两千多人牺牲；解放战争中，莱州共有三万四千四百五十多人参军，其中有两千九百多人牺牲，为夺取解放战争胜利作出了巨大贡献。

（作者：郑宁波）

海坨山精神永在　潮白河万古长流

——平北抗日战争烈士纪念碑碑文敬读

平北抗日战争烈士纪念碑位于北京市延庆区龙庆峡入口处的平北抗日烈士纪念园内。纪念园占地面积2.4万平方米，由烈士纪念碑和抗战纪念馆两部分组成。纪念碑于1989年10月落成，是纪念园的地标性建筑，高耸挺拔、肃穆雄伟。碑座是花岗岩石墁地的瞻仰平台。碑身由一块净高14.2米、宽6.3米的巨型碑心石组成，其设计造型为刺刀、步枪的象征形态，寓意平北广大军民和革命先烈奋勇抗击侵略者的英勇气概，象征着抗战民众用热血铸成抗战铜墙铁壁。碑体正面镌刻着聂荣臻题写的“平北抗日战争烈士纪念碑”鎏金碑名，背面为彭真题写的“平北抗日烈士永垂不朽”题词，碑文由苗培时撰稿、刘炳森书写，全文如下：

巍巍海坨山，雄伟险峻，林密谷深。荡荡潮白河，源远流长，物产丰饶。乃当年平北军民，坚持八年抗战，赖以依托之地。

平北抗日根据地，以赤城、延庆为中心，北至沽源、宝昌，南达昌平、顺义，西临张家口，东近承德市。境内崇山峻岭，横跨长城内外，地处满洲、蒙疆、华北伪行政区接合部，具有重要战略地位，为敌我必争之地。

一九三八年夏，八路军第四纵队东征冀东，在平北播下抗日火种。一九四零年春，根据我党“巩固平西、坚持冀东、开辟平北”之战略部署，我平北游击大队挺进军第十团开进平北，抗日政权党群工作亦随之建立。平西、平北、冀东连成一体，将敌伪统治下之北平、承德、张家口皆置于我打击威胁之下。

平北抗日斗争异常残酷，尤以一九四二年最为艰难。日寇实行杀光、烧光、抢光之“三光政策”，“强化治安”，“集家并村”，制造“无人区”。在庞家堡，日寇屡次制造血案，屠杀我矿工二万七千余人。平北军民同仇敌忾，众志成城，为坚持抗战争取胜利付出重大牺牲，仅龙关、赤城两县，每六人即有一人为国捐躯，优秀指挥员十团团长白乙化光荣殉国，中共昌延县委书记徐智甫、丰滦密县长沈爽身陷重围，壮烈牺牲。连长谢瑞沙场浴血，当代佘太君邓玉芬毁家抒（纾）难，献出丈夫、爱子七人。民兵英雄何金海大摆地雷阵，威破敌胆。凡此气壮山河之英雄业绩不胜枚举。抚今追昔，慷慨悲歌，无愧于中华民族之魂。驱走严寒冬雪，迎来春暖花开。在抗日战争最后阶段，平北军民奉命攻克张家口、宣化、新保安塞上重镇，配合苏蒙联军，光复张北、多伦、察哈尔盟等沦陷国土，切断平绥铁路，为解放华

北，进军东北，作出贡献。

际此建国四十周年，原平北各县政府及原领导诸老共议，于海坨山下，龙庆峡前，树立抗日烈士之碑，以缅怀先烈，激励来者。

海坨山精神永在，潮白河万古长流。

一九八九年七月

苗培时撰

刘炳森书

这篇碑文是纪念碑的“点睛之笔”，不仅高度概述了平北抗战的光辉岁月和斗争经历，凸显了平北抗日根据地在全国抗战中的重要意义和影响，而且彰显了平北人民在中国共产党坚强领导下，英勇无畏的牺牲精神和英雄气概，驰骋于长城内外，转战在平北大地，在巍巍的海坨山下，宽阔的潮白河畔，谱写下一段气壮山河的抗战凯歌。

平北抗日根据地“具有重要战略地位，为敌我必争之地”

全面抗战爆发后，中国共产党领导的抗日武装，开赴敌后，放手发动群众，创建抗日根据地，开展游击战争。1938年5月，宋时轮、邓华率八路军第四纵队从平西集结，经平北的康庄到延

平北抗日战争烈士纪念碑（北京市延庆区委宣传部　供图）

庆四海县，再到怀柔沙峪，挺进冀东，策应武装暴动，在平北地区首先播下抗日火种。6月，建立滦昌密临时县政府，组织地方抗日武装；1939年夏，八路军再次挺进平北，11月，中共冀热察区党委和八路军挺进部队根据上级指示，提出了“巩固平西、坚持冀东、开辟平北”三位一体的战略构想，采取“点线突击”“梯次渗入”的战略战术，稳步推进，平北抗日根据地逐渐稳固；1940年1月，成立中共平北工作委员会，组成平北游击大队进驻以延庆沙塘沟为中心的后七村一带，宣传党的政策，组织抗日武装，坚持敌后斗争；之后，先后成立了平北军分区、中共平北地委和专员公署，同时，平北根据地建立了敌后抗日政权，在领导抗战中发挥了重要作用。

平北抗日根据地的创建和巩固，具有十分重要的战略意义。它横跨长城内外，深入敌后战场，地处伪满洲、伪蒙疆、伪华北政权接合部，以赤城、延庆为中心，西靠近张家口，东逼近承德、山海关，北抵沽源、宝昌，南临昌平、顺义，犹如插在敌人腹心的一把钢刀，对日伪政权构成极大的威胁，成为中国全民族抗战斗争的一个重要组成部分。

平北抗战艰苦卓绝，抗日英雄气壮山河

在纪念碑碑文中，凸显了“同仇敌忾，众志成城”的立碑主题，重点描绘了平北抗战中，面对异常残酷的斗争环境，身处艰

辛困苦的敌后战场，在党组织坚强领导下，不屈不挠，英勇奋战，为坚持抗战争取胜利付出重大牺牲的抗日英烈和英雄群体。

一是率领八路军深入平北，进行浴血奋战的军队指挥员。碑文中提到的白乙化、谢瑞即其中的代表。1939年春，白乙化率队从内蒙古来到平西，与冀东的抗日联军合并，组成华北人民抗日联军，白乙化任副司令员。1940年1月，抗日联军改编为八路军晋察冀军区第十团，白乙化任团长，即率部进军平北，路经沙塘沟，第十团伏击日军，歼敌三百余名，声震平北，开辟了丰滦密抗日根据地。1941年2月，白乙化率部在密云马营与敌人激战，毙敌一百一十七名，在战斗即将胜利结束时，他被子弹击中头部，壮烈牺牲，时年三十岁。

谢瑞是晋察冀军区四十团二连连长，著名的战斗英雄。1944年4月，他的连队为掩护龙关、崇礼、宣化联合县干部转移，在敌强我弱之下，利用山地与日伪军展开战斗。在敌人面前，谢瑞毫不畏惧，英勇奋战，连续击退攻击，胜利完成掩护任务。他率领的二连被晋察冀军区授予“长城中队”荣誉称号。在庆祝中华人民共和国成立七十周年大会上，长城中队的旗帜在战旗方队中通过天安门广场。

二是坚守平北根据地，带领群众坚持斗争牺牲的地方干部。沈爽（1896—1942年），字子儒，化名白涤非，满族。他于1931年入党。九一八事变后，东北沦陷，曾组织抗日武装，后在北平从事党的地下斗争。1941年调任丰滦密联合县县长。1942年4月

8日，日军对华北根据地进行疯狂“扫荡”，沈爽在河西地区的臭水坑战役中壮烈牺牲，时年四十六岁。徐智甫（1907—1940年），原名徐睿，蓟县人。1932年入党，1938年参加冀东大暴动，历任冀东抗日联军第十六纵队政治部副主任、中共冀热察区委党校教务主任，中共昌（平）延（庆）联合县委书记。1940年8月27日晚，徐智甫同县长胡瑛在黄土梁村研究工作。第二天清晨，他们与伪满洲军遭遇，徐智甫在突围中不幸牺牲，年仅三十三岁。

三是被组织和武装起来的广大民兵和群众。碑文中提到的何金海（1925—1947年），即其中一例。1944年，龙延怀交界的十几个村庄约三百名民兵组织起来，成立“红石山游击队”，何金海为队长。7月，他带领游击队袭击矿山，打击日军汉奸，并解救劳工，被平北地委和军区授予“一级民兵战斗英雄”称号。解放战争中，何金海带领县大队和民兵赶赴前线，1947年8月，他带领两个中队伏击还乡团，为掩护大队人马撤退，不幸中弹牺牲，年仅二十二岁。邓玉芬（1891—1970年），是北京密云县张家坟村人。抗日战争中，她积极参加抗日工作，掩护和护理八路军伤病员，被八路军指战员尊称为“邓妈妈”，她舍家纾难的英雄壮举，被誉为“当代佘太君”。

碑文虽短，言简意赅，其中蕴含的精神价值和教育意义却是深远的。我们要永远铭记那段民族危机的艰难岁月，铭记无数民族英烈和革命志士为民族解放和人民幸福作出的杰出贡献。抗战期间，位于敌后战场的平北抗日根据地，在日伪统治最严密、斗争最惨烈的抗日前线，平北人民同仇敌忾，众志成城，为坚持抗战争取胜利付出了重大牺牲。正如碑文中说到的“仅龙关、赤城两县，每六人即有一人为国捐躯”，反映了平北人民英勇不屈、敢于斗争的英雄气概。

（作者：孙希磊）

“镇江城下初遭遇　脱手斩得小楼兰”

——韦岗战斗胜利纪念碑碑文敬读

在江苏省镇江市西南十五公里的高骊山上，耸立着一座巍峨的纪念碑——韦岗战斗胜利纪念碑。纪念碑朝东而立，高二十五米，碑顶为古铜色的步枪模型，碑身正面刚劲有力的铜铸大字为郭化若受粟裕所托题写的碑名“韦岗战斗胜利纪念碑”，碑座上端两侧为红旗造型，正面浮雕两侧所刻“1938”“6・17”为韦岗战斗发生日，中间为新四军的标志“N4A”，后部浮雕为韦岗首战告捷后战士们欢欣鼓舞庆祝胜利的画面，两侧分别镌刻着陈毅、粟裕当年盛赞韦岗战斗的诗篇。在纪念碑的正后方，巨大的长方形石碑上镌刻着韦岗战斗胜利纪念碑碑文：

为了铭记新四军抗日将士的丰功伟绩，教育后代，继承和发扬抗战英雄的革命精神，同心同德，团结奋斗，努力建设社会主义现代化祖国，特在韦岗战斗原址立碑纪念。

一九三七年七月七日，芦（卢）沟桥事变爆发，日本帝国主义

占领平津后，八月十三日又大举进攻上海，发动了全面的侵华战争。是年十二月十三日，南京失陷，江南大好河山沦于敌手。日寇到处烧杀掳掠奸淫，暴行累累。江南人民奋起抗敌，救亡图存。

在中国共产党的倡导和全国人民的要求下，国共两党实现了第二次合作，南方八省红军游击队组成新四军，开赴抗战前线。新四军军部遵照中国共产党中央的指示，从第一、二、三支队所属的第一团至第六团中各抽调一部分干部战士，组成以粟裕为司令员的先遣支队，于一九三八年五月十九日进入苏南敌后，实施战略侦察。六月初，新四军第一支队在陈毅司令员率领下，进抵苏南。六月十五日夜，先遣支队和第一支队第二团一部，由粟裕统一指挥，在南京镇江之间的下蜀镇附近破坏铁路，使敌交通一度中断。十七日凌晨二时，该部再接再厉，冒雨继续东进，八时许到达镇（江）句（容）公路之韦岗赣船山口设伏。是时，日寇运输队五辆汽车，由镇江方面开来，进入我军设伏阵地，粟裕率部立即向敌发起猛烈攻击。日寇仓皇应战，龟伏车底与草丛中顽抗。新四军将士英勇杀敌，仅半时许便将敌歼灭，毙敌土井少佐以下十余名，伤数十名，毁军车四辆，缴长短枪、军刀、钢盔、军旗、军服等大批物资及日钞七千余元，获得大捷。

韦岗战斗，是新四军挺进江南敌后，抗击日本侵略者的第一仗。这一仗，威震江南，挫敌凶焰，鼓我士气，振奋民心，为尔后江南千百次战斗和建立以茅山为中心的苏南抗日游击根据地揭开了序幕。

镇江市人民政府

一九八五年九月立

组建先遣支队挺进江南敌后

1938年春，日军铁蹄践踏之下，江南大好河山日渐沦陷。日军如入无人之境，烧杀抢掠，无所不为，江南老百姓生活在水深火热之中。为救同胞于倒悬，中共中央指示要求新四军抓住有利时机，深入敌后，积极开展抗日游击战，创立抗日根据地。根据指示，新四军决定组建先遣支队深入江南敌后。政治上，宣传共产党的抗日救国纲领和持久抗战方针，推动展开抗日民族统一战线；军事上，侦察了解江南地形、民情及敌情，为新四军主力部队的开进创造条件。4月，新四军军部抽调成立先遣支队，由粟裕率领，启程皖南，一路向苏南挺进。5月，先遣支队到达苏南敌后，立即组织常州、镇江、南京三个方向的武装侦察工作。6月15日，粟裕率领的战斗连到达下蜀附近，连夜破坏那里的电线、铁路，使次日日军的一列火车出轨，京沪铁路交通一度停顿，顺利完成了阻碍敌人交通的任务。

韦岗设伏江南首战旗开得胜

镇江为日军占据的重要交通要道，镇（江）句（容）公路每日敌汽车来往频繁。下蜀与韦岗相距不远，为扩大战果，根据之前对敌人兵力部署和行动规律的侦察情况，粟裕决定在镇江以西

韦岗战斗胜利纪念碑（茅山新四军纪念馆　供图）

十五公里的韦岗设伏，趁热打铁，打一场伏击战。6月16日，粟裕亲自进行战前动员，挑选精干人员，悉心部署战备。次日凌晨，参战分队冒雨向韦岗急进，做好伏击准备。上午8时许，日军运输车队进入伏击圈，粟裕一声令下，预伏部队向敌军发起猛烈攻击，双方展开激战。新四军击毙击伤土井少佐、梅泽武四郎大尉及以下日军数十名，击毁汽车四辆，缴获大量军用物资，并在增援敌军赶到之前迅速安全转移。韦岗伏击战速战速决，实现了粟裕战前力求以小的代价换取大的胜利的目标。

韦岗告捷，大快人心，军民欢欣鼓舞，共庆胜利。粟裕兴奋题诗《韦岗初胜》："新编第四军，先遣出江南。韦岗斩土井，处女奏凯还。"陈毅赋诗祝捷："弯弓射日到江南，终夜喧呼敌胆寒；镇江城下初遭遇，脱手斩得小楼兰。"《申报》《大公报》《救亡日报》等新闻媒体竞相报道战斗胜绩。新四军军部对先遣支队的胜利进行了表彰，蒋介石也向新四军军长叶挺致嘉奖电："所属粟部，袭击卫(韦)岗，斩获颇多，殊堪嘉尚。仍希督饬，继续努力，达成任务。"

开路先锋烽火燃遍江南

1939年4月，粟裕在《先遣队的回忆》中总结韦岗战斗不仅打击了敌人之横行，而且振奋了广大人民的抗战情绪，提高了他们胜利的信心，亦可以说初步地答谢了各界人士对我军的热望。

这一战斗的胜利，不仅奠定了我军进入江南地区的基础，而且开辟了胜利的先声。

新四军江南首战告捷，如同在沉闷的沦陷区炸响了一声惊雷，戳穿了“皇军不可战胜”的神话，沉重打击了日军不可一世的嚣张气焰；一扫甚嚣尘上的“亡国论”和“恐日病”，振奋了中华民族的抗日斗志，使同胞于黑暗中看到了光明；展示了新四军的威武雄风和抗战精神，扩大了新四军的影响力，使新四军成为大江南北抗日的光辉旗帜；点燃了江南人民抗日斗争的熊熊烈火，揭开了新四军创建以茅山为中心的苏南抗日根据地的斗争序幕；起到了先锋模范作用，此后江南敌后到处传来游击队的枪声，新四军驰骋大江南北，先后取得了新丰、句容、江宁等大小百余次战斗胜利，韦岗烽火燃遍江南大地。

时光荏苒，韦岗战斗已过去八十五年，昔日硝烟弥漫的战场如今已成为一片宁静美丽的山岗，只有那庄严屹立的战斗胜利纪念碑，在默默提醒着我们倍加珍惜今天来之不易的和平幸福生活，时刻铭记先烈们为保卫人民和家园付出的热血和牺牲。

（作者：陈彩云　沈小保）

革命意志坚如磐石

——上饶集中营革命烈士纪念碑碑文敬读

上饶集中营革命烈士纪念碑矗立在革命老区江西省上饶市信州区南郊的茅家岭，是为缅怀在集中营牺牲的革命烈士而修建的。纪念碑由碑身和基座两部分组成，碑身高28.5米，基座呈正方形，边长为20米。碑身正面刻有周恩来题写的“革命烈士们永垂不朽”九个镏金大字，东面刻有刘少奇、朱德题词，南面和北面分别刻有中共江西省委、江西省人民委员会祭文。纪念碑底座正面刻有碑文，全文如下：

一九四一年一月，国民党反动派不顾民族大义，以重兵袭击我北移抗日途中的新四军，制造了震惊中外的“皖南事变”。同年三月，反动派将事变中所俘的新四军干部和从东南各省逮捕的革命志士、爱国人士秘密囚禁在上饶市南郊的周田、茅家岭、石底、七峰岩、李村等地，建立起法西斯式的集中营。在集中营里，反动派采取软硬兼施的手段，对我革命同志进行了惨无人道

的迫害，妄图改变他们为民族解放、人民民主而斗争的崇高理想与信仰。我新四军干部和革命志士、爱国人士在党的秘密领导下，与之进行了针锋相对的斗争，多次挫败了反动派的阴谋，并于一九四二年夏，在集中营迁移福建前夕和迁移途中，成功地组织了茅家岭和赤石暴动，表现了崇高的革命气节和大无畏的英雄气概。冲出牢笼的同志在地方党组织和人民群众的帮助下，先后回到革命队伍，继续为抗击日本侵略者而斗争。

在集中营的斗争中，不少同志在严刑拷打下，英勇不屈、壮烈牺牲，以鲜血和生命为中国人民革命史谱写了可歌可泣的光辉篇章。烈士们的鲜血没有白流，在中国共产党的领导下，我国人民的解放事业取得了历史性的胜利，社会主义建设取得了辉煌成就。让我们缅怀先烈的业绩，继承先烈的遗志，更加紧密地团结在党中央的周围，为把我国建设成为现代化的社会主义强国，最终实现共产主义的伟大理想而坚韧奋斗！

革命烈士们永垂不朽！

这篇五百多字的碑文，记述了上饶集中营建立的缘由，揭露了国民党反动派迫害革命志士的阴谋，讴歌了上饶集中营革命烈士崇高的革命气节和大无畏的英雄气概，号召人们继承先烈遗志，为实现伟大理想而奋斗。

上饶集中营革命烈士纪念碑

皖南悲歌

1938年11月，日军在占领武汉后，对国民党政府“政治诱降为主，军事打击为辅”，国民党军队在正面战场上的压力大为减轻，开始反共摩擦活动，频繁进攻我抗日根据地，八路军、新四军进行了有理有据有节的反击。1940年秋，苏中地区的新四军歼灭进攻根据地的顽军一万一千余人，取得黄桥战役的胜利，国民党不但没有收敛，反而变本加厉，伺机报复。同年10月19日，蒋介石指使何应钦、白崇禧以国民政府军事委员会参谋总长、副参谋总长的名义发出“皓电”，强令黄河以南的八路军、新四军于一个月内开赴黄河以北。我党一面驳斥“皓电”的种种诬蔑不实之词，一面为顾全抗战大局，决定将皖南的新四军部队撤到长江以北。1941年1月4日晚，新四军军部机关和所属皖南部队九千余人开始北撤。1月6日，部队在行至安徽省泾县茂林地区时，遭到国民党军七个师八万余兵力的包围袭击，新四军干部战士除少数突围外，大部牺牲或被俘。这就是震惊中外的皖南事变。

皖南事变爆发后，国民党用尽卑劣的手段掩盖真相，诬称新四军“叛变”，宣布取消新四军番号。同时，在上饶建立法西斯式集中营，美其名为“第三战区司令长官部训练总队军官大队、军士大队、士兵大队”和“第三战区司令长官部特别训练班”等等。对于国民党反动派的卑劣伎俩，我党进行了有力揭露。皖南事变后不久，周恩来在《新华日报》发表“为江南死难者志哀”的题词，悲愤地揭露这一“千古奇冤”。

烈火淬金

国民党当局建立上饶集中营的一个目的是动摇革命者的理想信仰、磨灭他们的革命意志。为此，集中营的特务看守们绞尽脑汁，从肉体到精神对入狱者进行摧残折磨。上饶集中营由周田、茅家岭、石底、七峰岩、李村五座监狱组成，其刑罚集古今中外刑罚之大成，分为“金、木、水、火、土，风、站、吞、绞、毒”十种常刑，外加三种特刑和一种特别操，对革命者的肉体折磨无所不用其极，茅家岭监狱更是被称为“狱中之狱”，极其阴森恐怖。

除了肉体折磨，反动派还用所谓的感化教育和怀柔手段进行劝降。皖南事变中被俘的新四军支队首长以上的高级干部有好几位，军长叶挺下山谈判也被无理扣押，关在李村监狱。对于这批干部，国民党当局非常重视，派出高官轮番劝降，但都被义正词严地驳了回去。叶挺在监房墙壁上奋笔题写“富贵不能淫，威武不能屈。正气压邪气，不变应万变。坐牢三个月，胜读十年书”，表达了不屈的革命意志。《囚歌》中写道：“我渴望着自由，但也深知道——人的躯体哪能由狗的洞子爬出！”对于被监禁的各级干部，集中营当局一样煞费心机，屡屡用谈心、背书、考试等方式进行所谓“三民主义”教育。越南华侨黄迪菲怀着一腔爱国热忱回国参加抗战，皖南事变被俘时参加新四军才一个多月，是新四军总部教导大队的一名学员。在狱中，看守要求他写“新四军叛国真相”的文章，被黄迪菲一口回绝。特务看守恼羞成怒，将黄迪菲剥得只剩短裤推入湿冷发臭的禁闭室里饿饭，晚上10点过后又将他押到操场背“三民主义”小册子。黄迪菲在初冬的操场跪了整整一夜。天亮后，看守问他书读得怎么样，黄迪菲冷冷地回答：“你们自称为三民主义的忠实信徒，今天却用这样的手段来对待我，叫我还能相信你们的三民主义吗？”这个回答又招致了看守的一顿毒打。非人的折磨不但不能改变黄迪菲的革命意志，反而更加坚定了他跟反动派斗争到底的决心。赤石暴动成功后，黄迪菲回归革命队伍，光荣加入了中国共产党，为自己的崇高理想无怨无悔奋斗了一生。

不屈抗争

革命者在投身到革命队伍中的那一刻就把生命交给了党，交给了人民的事业，而把生死置之度外了。在狱中，失去了自由，生的希望十分渺茫。但是，这些都不能让革命者屈服，“为有牺牲多壮志，敢教日月换新天”，革命者的生命还要在与反动派的斗争中得到升华。在上饶集中营的斗争中，革命志士们在狱中秘密组织了党支部，领导了艰苦卓绝的狱中斗争，不断挫败敌人的阴谋。1942年夏，狱中党组织利用集中营迁往福建的时机，在迁移前和迁移途中成功组织了两次暴动，六十多位难友冲出牢笼，重返革命队伍。

在上饶集中营，流传着许许多多革命者英勇不屈、智斗敌特的感人故事。新四军女战士施奇是机要科的译电员，在皖南事变前已被上级安排提前转移，但她主动要求留下经受考验，被俘后英勇不屈，壮烈牺牲；集中营“女生队”党支部书记李捷利用女生队被抽出去参加演出的时机，策划了两次越狱行动，自己却留下掩护同志，最后慷慨就义。据记载，上饶集中营先后有一百五十四人遇难，包括新四军第三支队司令员张正坤、第二支队副司令员冯达飞、政治部秘书长黄诚、政治部组织部部长李子芳等新四军将领都长眠在这块红色土地上，用生命捍卫了共产党人的坚定信仰。

（作者：万晓庆）

追寻信仰　弦歌救亡

——华中鲁迅艺术学院殉难烈士纪念碑碑文敬读

华中鲁迅艺术学院殉难烈士纪念碑，位于江苏省盐城市建湖县华中鲁艺抗日殉难烈士陵园内，距烈士牺牲地约六百米，是为纪念长眠此地的师生而建的。纪念碑造型独特，富有艺术特点，由五块十三米高的白色长方体组成，形似五条直线，直举蓝天，象征师生用的五线谱，也表明殉难者多为文艺战士。碑身正面刻印着李一氓手书的“华中鲁迅艺术学院殉难烈士纪念碑”十五个金色阴文工楷大字，碑身中上端嵌着一颗金色五角星，象征着党对文艺工作的领导；五角星下方筑有一面覆盖碑身的红旗，表达了党对殉难师生的呵护。

纪念碑碑文凸显地域特色，采用碑文和铭文合写的传统形式。碑文温和厚重，清晰简约，刻印着华中鲁艺的建校背景及师生遇袭经过；铭文精短有力，掷地有声，既抒发了对师生们的痛惜之情，又勉励后人看齐学习。碑文如下：

一九四一年一月，皖南事变后，新四军在盐城重建军部，开辟了以盐阜区为中心的华中抗日民主根据地。为了培养抗日救国的专业艺术人才，在盐城创办了鲁迅艺术学院华中分院。由新四军政委刘少奇同志任院长，下分文学、戏剧、音乐、美术四个系和一个普通班，来自全国各地有志抗日的文艺工作者和青年四百多人汇集在这里参加学习。

一九四一年夏季，日寇发动一次对盐阜区大“扫荡”。根据新四军军部的指示，鲁艺华中分院的师生分成两队：院部和文学系、美术系为一队，随军部转移；戏剧系、音乐系和普通班为二队，分散转移。七月二十三日晚，二队经湖垛转移到北秦庄。翌日凌晨，因日寇突然袭击，师生们在突围中，前教导主任丘东平，戏剧系主任许晴以及朱丹、李锐、张平、袁万华、张炳炎、王海纹等二十几位同志遇难，牺牲在日寇屠刀之下。

为教育后辈，不忘鲁迅艺术学院华中分院殉难烈士，特立碑铭文刻石，永志纪念。其褒曰：英雄铁军，马列指航，逐鹿华中，誓扫天狼。鲁艺战友，荟萃串场，鲁迅精神，光大发扬。唤起民众，弦歌救亡，前赴后继，慷慨激昂。壮志未酬，饮恨吾乡，江海悲恸，大地低昂。春雷动地，虹彩辉煌，山河竞秀，人间沧桑。蓝图卷卷，史诗行行，经久不息，虎跃龙骧。展望前程，心潮逐浪，英名永垂，日月齐光。

一九八四年九月

华中鲁迅艺术学院殉难烈士纪念碑（建湖县烈士陵园管理处　供图）

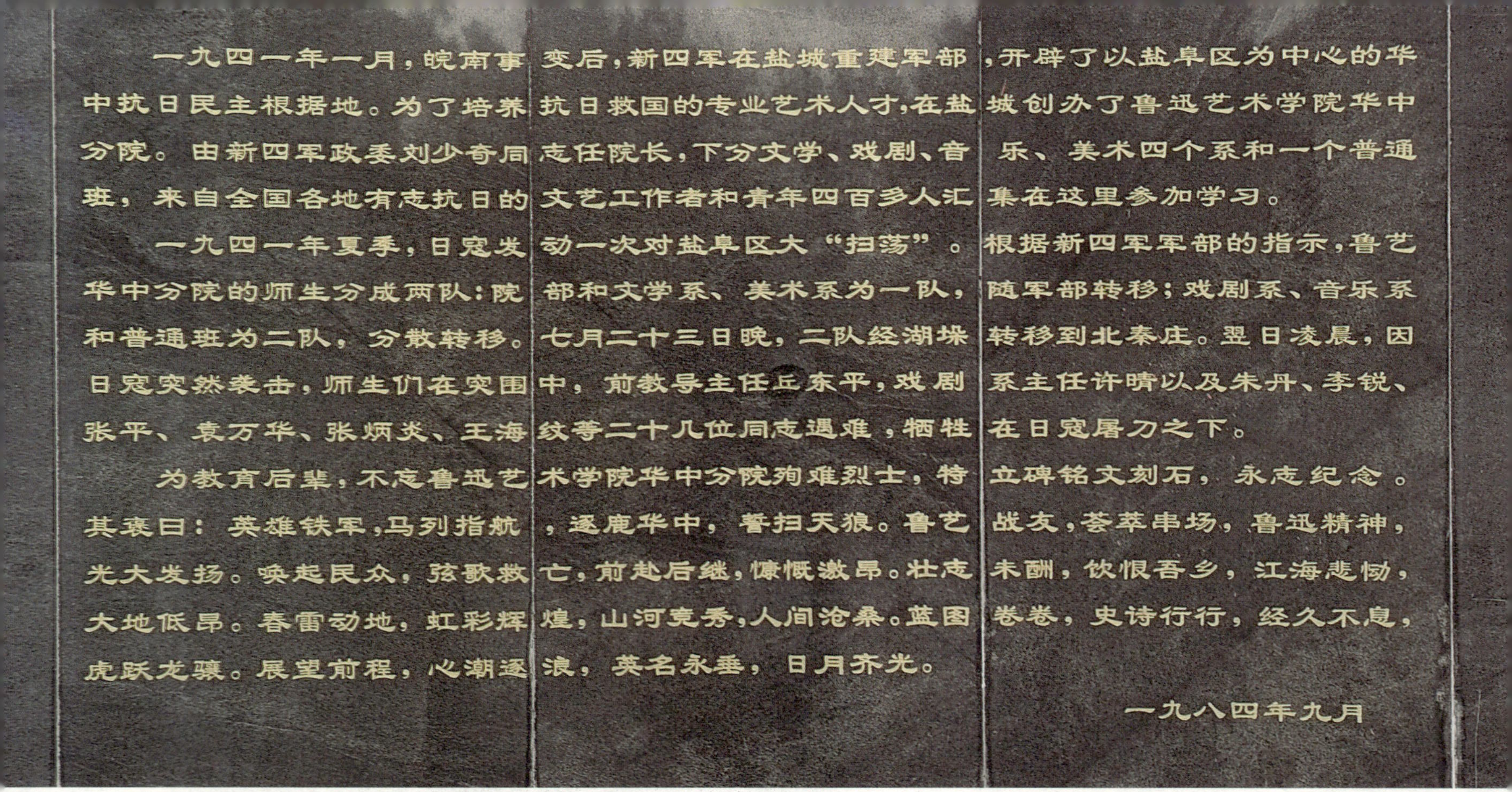

一九四一年一月，皖南事变后，新四军在盐城重建军部，开辟了以盐阜区为中心的华中抗日民主根据地。为了培养抗日救国的专业艺术人才，在盐城创办了鲁迅艺术学院华中分院。由新四军政委刘少奇同志任院长，下分文学、戏剧、音乐、美术四个系和一个普通班，来自全国各地有志抗日的文艺工作者和青年四百多人汇集在这里参加学习。

一九四一年夏季，日寇发动一次对盐阜区大“扫荡”。根据新四军军部的指示，鲁艺华中分院的师生分成两队：院部和文学系、美术系为一队，随军部转移；戏剧系、音乐系和普通班为二队，分散转移。七月二十三日晚，二队经湖垛转移到北秦庄。翌日凌晨，因日寇突然袭击，师生们在突围中，前教导主任丘东平，戏剧系主任许晴以及朱丹、李锐、张平、袁万华、张炳炎、王海纹等二十几位同志遇难，牺牲在日寇屠刀之下。

为教育后辈，不忘鲁迅艺术学院华中分院殉难烈士，特立碑铭文刻石，永志纪念。其衰曰：英雄铁军，马列指航，逐鹿华中，誓扫天狼。鲁艺战友，荟萃串场，鲁迅精神，光大发扬。唤起民众，弦歌救亡，前赴后继，慷慨激昂。壮志未酬，饮恨吾乡，江海悲恸，大地低昂。春雷动地，虹彩辉煌，山河竞秀，人间沧桑。蓝图卷卷，史诗行行，经久不息，虎跃龙骧。展望前程，心潮逐浪，英名永垂，日月齐光。

一九八四年九月

华中鲁迅艺术学院殉难烈士纪念碑碑文（建湖县烈士陵园管理处　供图）

碑文全文五百余字，直抒胸臆，读来慷慨激昂，荡气回肠，令人陡然升起浩然之气。殉难师生追随信仰、投身革命的信念执着而坚定，他们视死如归、宁死不屈的气节令人敬仰，他们纯粹而慷慨，像闪耀的群星，照亮着中华民族的天空。碑文同时记载着八十二年前的那场战斗。

这是一场绝地求生的突围。华中鲁艺师生突围伊始便遭遇了日伪军，有备而来的敌人看到手无寸铁的师生，兴奋地嗷嗷乱叫，迅速收紧了包围圈。许晴、丘东平等人研究决定：组织师生向东南方转移，他俩与战斗班负责掩护。在场的同志力劝许晴随第一批师生突围，许晴拒绝并反问道："我是指挥员，你说我能先撤吗？"这位刚满三十岁的共产党员、戏剧家选择了向死而生，他临危不乱、指挥调度，不幸牺牲。丘东平前后照应组织突围，在枪林弹雨中出生入死，以身殉国，年仅三十一岁。学生党员袁万华奋不顾身，毫不畏惧，挥臂高呼为师生指引方向，不料引来枪弹，献出了十九岁的生命。

这是一群信仰坚定的师生。戏剧系学生徐辉拖着一条重伤难行的腿，被敌人逼到河边，由于担心他身藏炸弹，敌人一时未敢上前抓捕，不愿做俘虏的徐辉用尽力气高呼："打倒日本帝国主义！"喊罢，纵身跃入河中，从容就义。女学生宋莹，为不受污辱，泡在河水里不肯上岸，被凶残的敌人用刺刀猛刺头部，壮烈牺牲。还有几名女生遭日军追逼至河边，为免遭玷污，毅然投河殉国，成就悲壮的"九女投河"。据统计，殉难的学生中年龄最大的二十七岁，最小的只有十六岁。这惨烈的牺牲令大地震颤，江河动容！

事件发生后，新四军军部出于安全考虑，将华中鲁艺师生编入部队，组建鲁迅艺术工作团继续进行文艺工作。《解放日报》《新华日报》等带着无限痛惜发文悼念殉难师生，抗议日军暴行。陈毅悲愤地写道：“……又如丘东平、许晴同志等，或为文人学士，或为青年翘楚，或擅长文艺，其抗战著作，驰誉海外，或努力‘民运’，其宣传动员，风靡四方。年事青青，前途讵可限量；而一朝殉国殒身，人才之损失，何能弥补。言念及此，伤痛曷极！”

碑铭表达了对殉难师生真挚的缅怀。华中鲁艺师生的殉难使“江海悲恸，大地低昂”，师生慷慨赴死的豪情感动了当地百姓。逢年过节，附近村民便备上供果，去墓前祭奠英灵。为表达对殉难师生的怀念，当年的“北秦庄”改名为“东平村”，战斗的小桥命名为“东平桥”。今日的烈士陵园也已成为开展爱国主义和革命传统教育的场所，向后来人讲述华中鲁艺师生信念坚定、英勇不屈的事迹。

碑铭赞扬了华中鲁艺师生的英雄品质。华中鲁艺师生是共产党领导下的“英雄铁军”，他们带着满腔热血，追寻“马列指航”的光明道路，他们许下“誓扫天狼”的铮铮誓言，决心靠文章“唤起民众”，以“弦歌救亡”国家，他们携手并肩，“前赴后继，慷慨激昂”，积极开展“民运”，践行初心和誓言，却在那个夏夜“壮志未酬”，饮恨他乡，把青春和身影定格在这里。师生们“英名永垂，日月齐光”！追寻信仰的道路上充满未知，但华中鲁艺师生用生命为亿万国人带来了动人心魄的“英雄气息”。

碑铭体现了文艺凝聚群众力量的价值。抗战最艰难之时，中华大地长夜如晦，文化艺术的价值遭遇冷落，中国共产党却坚持“艺术——戏剧、音乐、美术等是宣传鼓动与组织群众有力的武器”，于是“鲁艺”应运而生。一句“鲁艺战友，荟萃串场，鲁迅精神，光大发扬”，深刻表明华中鲁艺师生传承和发扬的是革命文艺精神。1941年6月初，成立不到半年的华中鲁艺师生便深入各地农村，一边帮助百姓夏收，一边开展抗战宣传。他们不知疲倦，积极创作反投降、反“扫荡”、减租减息、参军报国、统一战线等内容的版画、漫画、标语、口号，进村串户，宣传抗战必胜的信念，动员了近两千名农民参加自卫队或新四军，充分彰显了共产党领导下文艺释放的蓬勃力量。

（作者：张立）

孤悬敌后的浙东革命斗争史诗

——四明山革命烈士纪念碑碑文敬读

四明山位于浙江省东部的宁绍地区，平均海拔700米左右，主峰金钟山海拔1018米。因其大俞山峰顶有个“四窗岩”，日月星光可透过四个石窗洞照射进去，故称“四明山”。在余姚市梁弄镇西侧有座狮子山，四明山革命烈士纪念碑就坐落在这里。纪念碑高18.5米，用花岗石垒砌，雄伟挺拔，碑正面为郭沫若题写的“革命烈士永垂不朽”八个镏金大字；碑背后刻有余姚市委、市政府敬题的“抗日战争时期解放战争时期浙东地区为革命英勇献身的烈士永垂不朽”。碑基四周有两层平台，广场面积3600平方米。从山脚停车场到纪念碑，共有七层319级台阶。进入陵园正大门，两侧有大方柱两根，柱上有“生的伟大，死的光荣”对联。从下往上第三层台阶前，立有红色旗状石碑，上面刻着毛泽东语录：“成千成万的先烈，为着人民的利益，在我们的前头英勇地牺牲了，让我们高举起他们的旗帜，踏着他们的血迹前进吧！”再往上经过四层台阶，就进入了纪念碑广场。

四明山革命烈士纪念碑（四明山革命烈士纪念碑管理所　供图）

创建浙东敌后抗日根据地

1941年4月前后，侵华日军发动宁绍战役，国民党守军节节败退，绍兴、镇海、宁波、余姚等地相继沦陷。

为挽救民族危亡，中共中央调整新四军在华中作战的战略部署。1941年2月1日，党中央和毛泽东鉴于浙东沦陷在即，对新四军作了新的部署：关于浙东方面，即沪杭甬三角地区，我们力量素来薄弱，总指挥部应增辟这一战略基地，经过上海党在该区域创立游击根据地（以松江等处原有少数武装作基础），中共中央中原局应注意指导上海党。4月30日，毛泽东、朱德在给刘少奇、陈毅等同志的电报中，明确指示要开辟浙东敌后抗日根据地，有单独成立战略单位之必要。根据中央指示精神，中共中央华中局和新四军军部指派谭启龙领导路南特委和浦东工委，并由浦东转浙东主持工作。

浙东抗日根据地由三方面力量合力创建：

一是浙东地方党组织领导的爱国力量。在广泛开展抗日救亡宣传的同时，地方党组织在定海、镇海、慈溪、余姚、绍兴建立多支抗日武装。各支地方党领导的武装为浙东根据地的开辟作了必要的准备。

二是党领导的浦东武装力量。从1941年5月开始，中共领导的浦东部队九百余人分多批南渡杭州湾抵达“三北”（指余姚、慈溪、镇海北部地区），成为新四军浙东游击纵队建制的基础。

三是新四军军部和中共中央华中局派来的指战员。1942年6月，谭启龙同一百多名指战员到达“三北”。到1944年4月为止，派来浙东的党、军、政、财、文、卫、军工等干部三百多人。

1942年7月，中共中央华中局决定成立由谭启龙任书记的浙东区党委，指挥浙江敌后的武装。当年8月在慈北鸣鹤场成立第三战区三北游击司令部，何克希为司令员、谭启龙为政委，统一领导浙东抗日部队，采用分散机动战术，经过大小二十九次战斗，击退了日伪军向浙东区的多次进攻。1943年4月23日，经过十六小时攻坚战斗，拔除了梁弄镇狮子山伪军据点，梁弄获得解放。浙东区党委和三北游击司令部先后进驻梁弄和横坎头村，四明山抗日根据地初步建立。从此，梁弄成为浙东敌后抗日根据地的军事、政治、经济、文化中心，被誉为“浙东延安”。

根据地建立四年间，浙东部队以四明山为依托，以梁弄为指挥中心，与日、伪、顽军进行了艰苦卓绝的斗争，部队从九百余人发展壮大到一万五千余人，经历大小战斗六百四十三次，攻克县城两座，攻克敌伪据点一百一十多个，解放同胞四百万人，为抗日战争谱写了光辉的篇章，成为全国十九块抗日根据地之一。

忍痛告别浙东父老兄弟姊妹

皖南事变后，蒋介石置新四军于死地之心一直未死。眼看着中共领导的浙东部队不断发展壮大，蒋介石于1943年连续电令部属要求限期消灭浙东我军和浙东抗日根据地。10月，国民党在天台设立前进指挥部，调集两万余兵力，勾结日、伪疯狂向根据地进攻。

针对敌人的进攻，中共领导的浙东部队开展了英勇还击，坚守浙东阵地。同时针对国民党的阴谋，1943年12月，经中共中央华中局和新四军军部批准，浙东部队在梁弄公开树起中国共产党的旗帜，改编为新四军浙东游击纵队。1944年1月15日，在四明山茭湖村成立浙东敌后抗日根据地最高行政机关——浙东敌后临时行政委员会，颁布《浙东敌后临时行政委员会施政纲领（草案）》，标志着浙东抗日根据地开始在各方面进行有计划的建设，根据地发展到四个行政区、十六个县级政权。1945年1月，召开浙东临时各界人民代表会议，正式选举产生浙东行政委员会，成立浙东行政公署，任命四明、三北、金萧、淞沪四个地区的行政首长和各县县长，在根据地先后建立起了各级抗日民主政权。

1945年抗日战争胜利后，本该共享胜利的喜悦，但国民党反动派急于攫取胜利果实，不仅加紧派兵进驻浙东地区，还在敌人尚未缴下武器之时就叫嚣要对浙东游击纵队“肃奸”“剿匪”。为避免与国民党军队发生正面冲突、阻止内战，力求和平建国的新时期早日到来，党中央与新四军军部毅然决定作最大的忍耐与让步，命令浙东新四军与抗日民主政府于1945年9月底全部退出浙东，只留极少数骨干坚持斗争。

1945年10月1日，中共浙东区委机关报《新浙东报》刊登了《忍痛告别浙东父老兄弟姊妹书》后，浙东新四军率队北撤。新四军北撤后，留下坚持在四明山区的党的武装不到一百人。在中共中央华中局指示下，浙东工委和四明山工委领导四明山地区革命武装和群众与敌人开展了一百余次大小战斗，逐步恢复了根据地，并建立了中国人民解放军浙东第二游击纵队。四明山革命根据地发展成为“南方七大区”的重要组成部分，在蒋介石老巢坚持斗争，成为蒋介石心头的一把利剑，牵制了部分国民党军队力量，为全国的解放战争胜利立下了功劳。

浙东地区革命精神代代相传

新四军浙东纵队在梁弄的革命经历留下了众多的革命遗迹，浙东地区至今还完整保留着根据地党、政、军、经、文、卫等各类元素。浙东抗日根据地是全国为数不多的系统保留各类遗址遗迹的抗日根据地，其主体包括中共浙东区委旧址、浙东行政公署旧址、新四军浙东游击纵队司令部旧址、浙东抗日军政干校旧址、浙东鲁迅学院旧址、浙东韬奋书店旧址、新浙东报社旧址、浙东银行旧址、谭启龙旧居、浙东敌后各界人民临时代表会议旧址等多处遗迹。更重要的是，它留下了四明山革命精神和奋斗传统，激励着一代又一代的人们在党的领导下奋发图强、建设美好家园。

在四明山地区，建成了四明山革命烈士陵园、纪念馆和军史馆，成为党史教育和廉政教育基地。在梁弄成立浙江四明山干部学院并挂中共浙江省委党校四明山分校、浙江省社会主义学院四明山分院牌子，成为干部培养培训的摇篮。为进一步传承红色基因、弘扬革命文化，余姚市还拟将梁弄镇中心小学更名为浙江省四明山红军小学，以此推动四明山精神代代相传。

（作者：陈峰）

建设独立和平民主的新中国

——烟台抗日烈士纪念碑碑文敬读

在山东省烟台市芝罘区烟台山公园内，山顶端西南侧矗立着烟台抗日烈士纪念碑。纪念碑碑身五侧平面均镶嵌着通体汉白玉理石板，正面刻有“民族英雄垂名千古”八个隶书红色大字。其余四面从左至右分别镌刻着烟台市委、市政府和市民、全市各界群众团体的挽词，以及首次解放烟台阵亡的八十九位烈士英名。市委、市政府和市民的挽词是：“学习先烈的革命精神，继续为祖国的和平、民主、独立而奋斗！”各界群众团体的挽词是：“你们是来自人民，属于人民，为了人民，人民将永远不会忘记你们！”碑文全文如下：

我们纪念烟台的解放，纪念和平民主建设的光辉成就，不能不深刻悼念着为解放烟台，与保卫烟台，而光荣牺牲的革命烈士们。

溯自七七事变的翌年二月间，烟台在日寇的攻进之下，被国

民党政府官吏的逃跑，而丢掉了！从此全市人民长期处于水深火热中。但中共胶东区委却自始自（至）终领导着八路军，支持民主政府，发动群众长期包围、封锁与袭击烟台敌伪，历次战役，烈士们的牺牲，造成胜利的光芒，动摇了敌伪的统治基础，维系着全市人民的反抗斗争。

去秋日寇败降，八路军奉命向烟台进军，革命烈士们，餐风宿露，冒炮火，决死生，英勇奋战，牺牲流血，配合地下军的起义，终于八月廿四日那天，把烟台从敌伪蹂躏践踏之下光复出来，使备受熬煎的烟台人民得获重生。不意杀敌之血迹未干，内战之烽火又起，十二月廿九日，伪匪张立业部在国民党反动派驱使下，易帜而来，欲再陷烟台人民于水火，幸赖我忠勇烈士，不顾惊涛骇浪之险，冒枪林弹雨之危，浴血鏖战于崆峒岛上，逐波凶顽，使烟台人民危而复安。诸烈士为国为民可歌可泣的革命英雄业绩，足为后世楷模；而诸烈士的英名，亦可与烟台的青山绿水万古长存，永为后世所崇拜！

至今烟台解放已届一年，民主设施正在建树，和平建设蒸蒸日上，广大人民正以巨大力量，挣断身上的枷锁，翻身解放。今日之幸福成果，乃革命烈士用鲜血生命所换取，烟台和平民主之基，乃革命烈士用光荣牺牲所奠定。抚今追昔，益怀革命烈士之功绩。

目前国民党反动派，正在继续其卖国内战独裁的罪行，战争烽火到处燃烧，全国同胞横被蹂躏，独夫民贼，祸心不死，企图

烟台抗日烈士纪念碑（烟台山文物管理中心　供图）

以武力强夺我革命先烈以生命鲜血所换得的果实。我烟台广大人民愿宣誓于烈士在天之灵：我们当万分珍惜烈士的事业，一丝一毫不容有所损伤。我们当学习革命烈士的榜样，继续踏着烈士的血迹前进，消灭任何反动派的进犯，保卫烟台，建设烟台，建设独立、和平、民主的新中国！

烟台市副市长徐中夫敬撰

孙云铎敬书

中华民国三十五年十月立

七百余字的碑文记载了烟台抗日军民在党的领导下从日军手中解放烟台的主要经过和烈士们的光辉业绩。

烟台是八路军解放最早、最大的沿海港口城市

1945年8月，在世界反法西斯战争胜利发展的形势下，中国广大解放区军民开展对日全面反攻作战。10日，党中央发出指示要求各抗日部队向日伪军进行广泛的进攻，迅速扩大解放区，壮大我军，并须准备于日本投降时，能迅速占领所有被包围和力所能及的大小城市。同日，蒋介石却发布八路军原地驻防待命、伪军负责维持地方治安等命令。针对这一态势，中共胶东区委于8月14日发出《关于目前形势与任务的紧急指示》，指出新形势下军民的基本任务是紧急动员起来，立即向日伪军发动攻势，完全

收复胶东一切沦陷国土，党、政、军、民要把工作重点转到全面反攻上来。随即，由胶东军区部队组成的山东军区第三路军，在前线指挥许世友、政治委员林浩的率领下，从8月16日开始，向胶济铁路东段沿线、胶东半岛沿海各城市的日伪军展开全面进攻。8月24日晚10时，经过七天七夜的激战，沦陷近八年的烟台被八路军收复。烟台成为当时八路军解放得最早、最大的沿海港口城市。

烟台为配合解放战争胜利作出特殊贡献

烟台是八路军渡海北上的出发地。烟台解放当日，中共胶东区委根据党中央指示精神，先后派出两支挺进东北先遣支队，赴东北了解情况和开展工作，并根据先期到达部队的汇报，致电党中央和山东分局，建议速派部队和干部开赴东北，以争取时机，更好地完成支援东北解放区的工作。这为党中央作出“向北发展，向南防御”的战略决策提供了重要参考。烟台作为连接山东半岛与辽东半岛的海上要道，是挺进东北的捷径。随着烟台的率先解放，整个胶东半岛北部海岸的大小港口全部控制在八路军手中，我们党掌握了向东北运送兵力的重要通道。从1945年10月初到11月底，山东军区先后有六万余人挺进东北，为开辟东北根据地赢得了时间，为解放战争胜利奠定了坚实基础。

烟台是东江纵队北撤的落脚地。东江纵队是抗战时期我们党

烟台抗日烈士纪念碑（烟台山文物管理中心　供图）

在广东东江地区创建和领导的一支人民抗日武装，是开辟华南敌后战场，坚持华南抗战的主力部队之一。抗战胜利后，根据国共两党达成的双十协定，我们党让出长江以南八个解放区，武装部队撤到长江以北。1946年6月30日，东江纵队两千五百八十三人分乘美方提供的三艘登陆舰，由深圳大鹏湾起航，于7月5日到达烟台港。东江纵队在烟台经过两个月的休整，稳定了思想情绪，补充了给养装备，提高了军政素质。后来，东江纵队正式编入华东野战军，为解放全广东作出了重要贡献。

烟台是党接管城市的试验地。抗战胜利后，对于如何进行城市建设，发展工商业，我们党还没有成型的经验。1945年8月25日，即烟台解放第二天，中共胶东区委就发出《关于收复城市的工作指示》，要求摧毁一切伪组织、伪政权，建立民主政权，维持社会治安；动员组织各业商号开店营业，工厂开工生产；等等。1946年1月，根据中共胶东区委指示，胶东区各救济总会召开了城市工作会议。会议研究部署了今后开展城市工作的方针、任务和方法、步骤。此后，烟台在共产党和人民政府的管理下，日新月异、欣欣向荣。

烟台是党涉外工作的斗争地。抗战胜利后，为挫败美舰登陆烟台的企图，烟台党、政、军、民在党中央领导下，与美军展开了一场针锋相对的涉外斗争，并取得了胜利。1947年5月23日，烟台人力车夫杨禄奎被联合国善后救济总署驻烟台办事处美籍职员史鲁域琪驾车撞倒身亡。烟台市委、市政府妥善处理杨禄奎事件，维护了民族尊严，振奋了民族精神。合理处置这两起重要涉外事件，是我们党外交政策的一次成功实践，为我们党积累了宝贵的涉外斗争经验。

首次解放的烟台，以其独特的区位优势和深厚的革命基础，成为我们党在沿海地区的重要战略基地，为配合解放战争作出了特殊贡献。

（作者：陈海涛）

解放战争的壮丽史诗

——四战四平主体纪念碑碑文敬读

2020年7月22日下午，正在吉林省考察调研的习近平总书记参观了四平战役纪念馆，重温革命历史，缅怀革命先烈。四战四平意义重大，在全国解放战争的历史上书写了壮丽史诗。鉴往知来，让我们通过四战四平主体纪念碑，一起了解这段东北解放战争中浴血荣光的重要战事。

四战四平主体纪念碑，位于吉林省四平市北郊的四平市革命烈士陵园内，1989年建成。碑高31.3米，塔尖上四把尖刀呈V字形聚拢，象征四战四平的最后胜利。碑身镌刻着由彭真题写的“四平烈士永垂不朽”八个大字。纪念碑塔基基座的四面，分别标注着四战四平敌我参战部队及主官序列，并记录着四战四平的光辉历史。碑文内容如下：

四平解放战（一战四平）

一九四六年三月，苏联红军自东北各地撤离回国，国民党为

争夺抗战胜利果实，独霸东北，派遣接收大员刘翰东率近百名官员到四平，成立了国民党辽北省政府和四平市政府，刘翰东任辽北省政府主席，并勾结伪满军警和土匪武装三千余人，窃据四平。为了粉碎国民党的阴谋，配合当时的国共和谈，中共中央决定在苏军撤离后首先控制沈阳以北的长大铁路干线城市，并由西满军区部署首先夺取战略要地四平。

东北民主联军，以第三师第十旅旅长钟伟担任指挥，以保安第一旅旅长马仁兴、辽西第二分区副司令员邓忠仁、第七纵队第十九旅副旅长杨尚儒担任副指挥，统一指挥第三师第十旅二十八团，第七纵队第五十六团和第五十九团、保安第一旅第一团、辽西第二分区第十六团和两个县大队，总兵力六千人。战斗从三月十七日早四时打响，经过十个小时激战，至下午二时结束。我军以伤亡二百余人的代价，共毙、伤俘国民党辽北省（政府）主席刘翰东以及匪首王大化、王耀东所部三千余人，一举歼灭了以日伪“铁石部队”和土匪武装为主的国民党守城之敌。缴获大小炮三十二门，机枪六十九挺，长短枪两千余支，汽车二十辆，马七百匹，以及其他部分军用物资，使四平获得解放。

一战四平的胜利，使具有重要战略意义的四平市被共产党和人民军队所控制，从而有力地阻止了敌人的北进，这对建立巩固的东北根据地，特别是对首先控制北满地区起到了重要作用。

四平保卫战（二战四平）

国民党军于一九四六年三月下旬，集中十一个师从沈阳地区分南北两路向东北民主联军发动大规模进攻，企图首先占领四平、本溪，进而占领全东北。中共中央为了配合谈判斗争争取国内的和平和我党我军在东北的有利地位，要求东北民主联军坚决扼守四平。毛泽东两次致电林彪"必须准备数万人的伤亡，要有决心付出此项代价，才能打出新局面"，"化四平街为马德里"。

自四月十八日开始，东北民主联军第一师，第二师，第三师之第七、第八、第十旅和独立旅，第七纵队第十九、(第)二十旅，保安第一旅，第七师第二十旅，第三纵队第七、第八旅，保安第三旅，第三五九旅，辽西第二分区部队及炮兵旅一部，在东北民主联军总司令林彪统一指挥下，在四平地区英勇抗击国民党军十个师的进攻。敌军在飞机、坦克掩护下实施集团冲锋，东北民主联军顽强抗击，许多部队以近战和白刃格斗歼敌，一些阵地敌我数度易手，战况甚为惨烈。至五月十八日，由于国民党军占领塔子山并迂回四平东北，东北民主联军为摆脱被动，主动撤离四平。历时一个月的四平保卫战，共歼敌一万六千多人。东北民主联军也付出了沉重的代价，伤亡八千余人。

四平保卫战是在特殊条件下所进行的城市防御战，参战部队以人民军队高度的英勇顽强精神，保卫了北满根据地，配合了同国民党的谈判斗争，争取了实现东北休战，为建立巩固的东北根据地创造了有利条件。

四平攻坚战(三战四平)

一九四七年六月，东北民主联军为扩大夏季攻势的战果，决心以第一纵队、辽吉纵队、第六纵队第十七师和“东总”炮兵五个营等部，在第一纵队司令员李天佑、政治委员万毅指挥下，对防守四平的国民党军第七十一军等部发起攻坚作战。另以第二、第三、第四纵队，第六纵队主力和独立师等部共十七个师，在四平南北地区担任阻援。

六月十四日二十时，东北民主联军冒着倾盆大雨向四平发起总攻。攻城部队面对敌机的轮番轰炸扫射，英勇奋战，逐屋逐堡争夺。十九日，战役预备队第十七师全部投入战斗。至二十日夜攻占四平西城区，二十一日继续向东城区发起攻击。此时，查明四平守军并不是战前判断的一万八千人，而是三万五千人。二十三日，“东总”调整部署，将伤亡较大的第一纵队、辽吉纵队各两个师撤出休整和参加打援；以第六纵队全部投入战斗；攻城作战由第六纵队的司令员洪学智指挥。二十四日至二十六日，攻城部队对东城区展开顽强攻击。后因国民党十个师分由长春、沈阳驰援，为另寻战机，攻城与阻援部队奉命于六月三十日撤出战斗。

四平攻坚战是东北民主联军从运动战走向攻坚战的开始，我军付出了一万三千人的伤亡代价，辽吉纵队独立第一师师长马仁兴在战斗中壮烈牺牲。此役四平虽未攻克，但歼敌一万七千余人，也为我军摸索出了一整套的城市攻坚经验，对而后实施城市攻坚战具有极其重要的指导作用。

四平收复战（四战四平）

东北民主联军经过一九四七年秋季攻势，彻底转为战略反

攻，完全掌握了东北战场的主动权。一九四八年三月，东北野战军为发展冬季攻势作战的胜利，决心夺取战略要地四平。遂以第一、第三、第七纵队，独立第二师和“东总”炮兵四个团，在第一纵队司令员李天佑、政治委员万毅指挥下，发起攻克四平作战。

三月十二日晨，参战部队对困守坚固设防的四平国民党军第七十一军第八十八师等部发起攻击。炮兵首先发挥火力攻势，随着炮火向纵深延伸，主攻部队发起冲锋。第一纵队从西北、正北向城里突击，对敌实行迂回穿插，分割包围，把国民党军的防御体系打乱。同时第三纵队则由南向北压缩，形成南北钳形夹击。第七纵队由西南进行攻击，并于十四时与第一纵队会师中央大街。至十三日七时，全歼守敌，使得四平重获解放。此役共歼敌一万九千余人，缴获各种炮一百九十七门，轻重机枪四百六十一挺，各种枪九千六百八十八支，汽车八十五辆，骡马一千六百五十一匹以及大量军用物资。东北民主联军伤亡四千九百余人。

四平的解放，彻底割断了东北国民党军长春到沈阳的联系，使长春守敌陷入孤立的困境，为东北我军发动辽沈决战创造了有利条件，为解放东北全境奠定了坚实基础。周恩来代表中共中央于三月十五日致贺电“庆祝你们收复四平街及冬季攻势中歼敌八个整师并争取一个整师起义的伟大胜利”。

四战定乾坤。四平地处东北平原中部腹地，辽宁、吉林、内

四战四平主体纪念碑（四平市烈士陵园管理中心　供图）

蒙古三个省（自治区）交界处，是连接东西南北的交通枢纽，自古就是兵家必争之地。1945年日本战败投降，作为“关东门户，九州通衢”的四平成为国共双方争夺的焦点。遵照毛泽东的指示，从1946年3月至1948年3月，中国共产党领导的人民军队同国民党军队先后四次血战四平，双方累计投入兵力四十余万人，总计作战时间长达六十三天，东北民主联军三攻一守，歼灭国民党军队六万八千余人，其中尤以1946年的四平保卫战和1947年的四平攻坚战最为激烈，投入兵力之多、作战时间之长、战斗之激烈、伤亡之重、影响之广，在东北战场是空前的。最终，东北民主联军（解放军）以总计伤亡近三万人的代价，攻取了战略要地四平，为辽沈战役取得全胜拉开了序幕。

薪火永相传。作为中国共产党早期活动的重要地区，东北抗联的主要战斗地区，解放战争的主战场，吉林有着光荣的革命历史和坚决的斗争精神，这一特质在四战四平中得到充分体现。据不完全统计，四战四平的参战部队中先后有数百个单位受到中共中央、中央军委、东北局、东北民主联军总部、各纵队、各师（旅）的表彰和嘉奖，数千名指战员战场立功。“辽吉功臣、四平名将”马仁兴、“不死的英雄”王西兰，还有没有留下名字的无名烈士，用鲜血和生命铸就了永不褪色的红色丰碑。正如习近平总书记所指出：“我们从八一南昌起义到井冈山斗争，从艰苦卓绝的长征、抗日战争，再到解放战争、抗美援朝，是革命烈士的鲜血铸就了革命成功，我们一定要牢记新中国来之不易。”四战四平的硝烟已经散去七十多年，但精神高地的力量永远激励着中华儿女扬帆新程。这段浴血鏖战的烽火岁月，这篇气壮山河的英雄史诗，不仅深深镌刻在党史、军史中，更永远铭记于人民心中，成为砥砺前行的不竭动力。

（作者：朱巍　张丽）

从胜利走向胜利

——苏中七战七捷纪念碑碑文敬读

苏中七战七捷纪念碑位于江苏省海安市苏中七战七捷纪念馆内。纪念碑碑身如一把直耸云霄的刺刀，用古铜色天然花岗岩拼接砌成，拔地而起，直刺蓝天，象征着当年新四军指战员驰骋华中战场的那种英雄气概。碑高二十七米，“二、七”寓意“七战七捷”；碑基四周有七个几何形的坑穴，寓意新四军指战员在七个战场上留下的足迹；主碑四周是凹凸不平的喷砂地段，意指新四军指战员走过的崎岖、曲折、坎坷道路，也寓意战斗在河沟纵横、水网交错的里下河地区；级级升高的台阶，意指新四军从胜利走向胜利；主碑四周筑有七道錾假石挡土墙，寓意新四军似铜墙铁壁、坚不可摧；碑前两侧建有两只“祝酒杯”，意谓军民举杯同庆七战七捷的伟大胜利。在纪念碑碑墙上，刻着“苏中七战七捷纪念碑”九个大字，内镶黄金，由原华中野战军第七纵队政委姬鹏飞亲笔题写。碑文如下：

苏中七战七捷纪念碑（苏中七战七捷纪念馆　供图）

一九四六年六月，国民党反动派在美帝国主义的支持下，悍然发动全面内战。七月中旬，盘踞在南通的国民党第一绥区司令汤恩伯（后为李默庵），指挥五个整编师、十五个旅共十二万人，向苏中解放区大举进犯。遵照中共中央军委指示，华中野战军司令员粟裕、政治委员谭震林，率部在苏中地区进行自卫反击。从七月十三日至八月二十七日，连续七仗，仗仗胜利，歼敌五万三千余人，是谓苏中战役。当时人民解放军延安总部发言人称这一战役为“七战七捷”。战役的主要经过：第一战，七月十三日至十五日宣家堡、泰兴战斗，我军先机制敌，歼敌三千余人；第二战，七月十八日至二十一日如（皋）南战斗，我军远道奔袭，全歼敌一个师部、一个旅及另一旅的大部，共一万余人；第三战，七月三十日至八月三日海安战斗，我军在运动防御中，毙伤敌三千余人；第四战，八月十日至十一日李堡战斗，全歼守敌和援敌一个半旅，共九千余人；第五战，八月二十一日至二十二日丁堰、林梓战斗，我军插入敌后，全歼丁堰守敌交警总队五个大队和林梓守敌一个营，共三千余人；第六战，八月二十三日至二十六日邵伯战斗，我军以连续冲击和白刃格斗，血战四昼夜，歼敌二千余人；第七战，八月二十五日至二十七日如（皋）黄（桥）路战斗，我军采取攻黄救邵战法，在运动中歼敌两个半旅，共一万七千余人。我军参加此次战役的部队为华中野战军第一师、第六师、第七纵队、第十纵队及华中军区第五旅、特务团、炮兵团共三万余人。苏中地方武装、民兵、人民群众参战和支前者有

数十万人。我军伤亡一万余人。英烈战功，永垂不朽！苏中战役之所以获得大捷，主要是中共中央军委、毛泽东同志的正确领导和参战军民同仇敌忾、勇猛顽强、以一当十、前仆后继、流血牺牲之结果；军事指挥上的深谋远虑，机智灵活，英勇果断，亦是重要关键。战役的主要指挥员粟裕同志是我军杰出的军事家，他和谭震林同志等对战役作出的伟大贡献，将永垂史册。

中国人民解放军南京军区
中国共产党江苏省委员会
江 苏 省 人 民 政 府
公元一九八七年七月立

碑文立意高远、思想深刻、文字简洁，阐述了苏中七战七捷的由来和主要经过：1946年7月13日至8月27日，面对进攻华东解放区的国民党军，华中野战军同优势敌人连续进行七次战斗，共歼灭国民党军五万余人，占进犯苏中解放区总兵力的40%。战役结束后，延安总部发言人盛赞了这七次作战，称这一战役为“七战七捷”。

对国民党全面内战的反击

1946年6月，国民党政府撕下和平的伪装，悍然发动内战，向解放区发动全面进攻。在华东地区，国民党军将进攻的重点

苏中七战七捷纪念碑碑文（苏中七战七捷纪念馆　供图）

直指毗邻上海、南京的苏皖解放区。他们纠集十一个整编师、三十一个旅，共二十七万兵力，采取“由南向北、由西向东、逐步压缩”的方针，以淮北为重点，以淮阴、淮安为主要目标，发起全面进攻。7月，国民党首先以五个整编师、十五个旅的兵力，由泰州至南通一线，向苏中地区扑来，企图一举消灭华中野战军。为粉碎国民党发动的全面内战，根据中共中央的一系列指示，我军准备在国民党军进攻后，奋勇反击大量歼灭敌人有生力量。7月13日，中央军委致陈毅、张云逸等的电报中指示：待敌向我苏中苏北开展进攻，我苏中苏北各部先在内线打起来，最好先打几个胜仗，看出敌人的弱点，然后我鲁南、豫北主力加入战斗，最为有利。

连续作战，七战七捷

苏中战役分为两个阶段。7月13日至8月3日为战役第一阶段。华中野战军主力第一、第六师和第七纵队于7月13日分头向宣家堡、泰兴城发起攻击（第一战），激战至15日拂晓，歼敌整编第八十三师十九旅大部，初战告捷。接着，华中野战军主力转兵东向，直插如皋以南，经过18日至21日激战，取得如南战斗（第二战）胜利，歼敌整编第四十九师师部、第二十六旅全部和第七十九旅大部。之后，华中野战军将主力第一、第六师撤至海安东北地区休整。7月30日，国民党军以七个旅五万之众进攻海安。

华中野战军第七纵队三千余人在海安及外围地区实施运动防御，与敌连续奋战四昼夜，至8月3日战斗结束，歼敌三千余人，取得海安防御战（第三战）的胜利。

8月10日至27日为战役第二阶段。10日至11日，华中野战军主力突袭李堡（第四战），歼敌整编第二十一师七旅全部和敌整编第四十九师一〇五旅旅部以及三一四团。21日晚至22日，华中野战军主力出其不意攻击丁堰、林梓（第五战），歼敌交警总队五个大队以及整编二十六旅残部一个营。在邵伯防御战（第六战）和如黄公路遭遇战（第七战）中，又歼敌第九十九、第一八七旅全部以及第七十九旅的一个团和整编第二十五师共一万九千余人。

集中优势兵力歼敌的典范

苏中战役，是全面内战爆发后在华东地区进行的一次较大规模的战斗。粟裕成功运用中央军委和毛泽东制定的作战原则，显示出杰出的指挥艺术。根据战场矛盾的主次、轻重、缓急，一仗一仗地打，一个一个地突破，以此来带动全局工作。毛泽东高度评价了苏中战役的意义，并从中总结出“集中优势兵力，各个歼灭敌人”的作战方法。1946年8月28日，毛泽东为中央军委起草致各战略区首长电，通报粟裕、谭震林部的作战经验指出：我军主力只有十五个团，但这十五个团是很充实与很有战斗力的，没有采取平均主义的补充方法。每战集中绝对优势兵力打敌一部（例如八月二十六日集中十个团打敌两个团，八月二十七日集中十五个团打敌三个团），故战无不胜，士气甚高。

（作者：庄广雷）

人民烈士浩气长存

——四保临江纪念碑碑文敬读

四保临江纪念碑坐落在吉林省白山市北山公园内。纪念碑平面布局采用三大块面，利用不同高差的台阶，代表“三下江南”。碑身用象征四面红旗的旗塔组雕而成，代表“四保临江”；主旗为19.47米，象征着1947年第四次保卫临江战役的胜利。碑体正面为陈云题写的“人民烈士浩气长存”，背面刻有碑文，全文如下：

一九四六年冬，在东北战场上，国民党军凭借美式装备优势，采取“南攻北守，先南后北”的战略，集中十万兵力向我南满根据地大举进攻，妄图占领全东北。当时，南满根据地仅剩临江、长白、抚松、靖宇四县，我军三、四纵队及南满党政机关团体撤至临江，形势十分严峻。

在强敌压境的紧急关头，中共中央、东北局派陈云和肖劲光同志来临江，组成以陈云为书记的南满分局，以肖劲光为司令员、

陈云为政委的辽东军区。同年十二月十一日至十四日在七道江村召开师以上干部会议，确定了“坚持南满，保卫北满”的战略方针。

我南满部队在兄弟部队配合下，在地方武装和广大群众支援下，同仇敌忾、浴血奋战，从一九四六年十二月十七日至一九四七年四月三日，历时一百零八天，打退敌人四次进攻，歼敌四万余人，我军伤亡两万余人。“四保临江”战役的伟大胜利，打破了敌人独占东北的企图，巩固、扩大了以临江为中心的长白山根据地，迎来东北解放的曙光，在人民解放战争史上谱写了光辉的篇章。

在纪念“四保临江”战役胜利四十周年之际，浑江市人民政府和各族各界人民捐资建造此碑，缅怀先烈，教育后人，永志青史。

四保临江的革命烈士永垂不朽！

浑江市人民政府敬立

一九八七年四月三日

近五百字的碑文概述了四保临江战役的背景、经过及意义，充分表达了后人对革命先烈的敬仰之情。

关键的拍板

抗战胜利后，东北因其资源丰富、战略地位重要，成为国共双方争夺的焦点。1946年10月，国民党军为实现“南攻北守，先南后北”的作战计划，调集十万兵力进攻南满根据地，企图先占领南满，再全力进攻北满。

在此紧急形势下，中共中央、东北局派陈云、肖劲光到南满主持工作。12月11日至14日，辽东军区在七道江前线指挥所召开师以上干部会议，会议前期对南满去留问题产生了争论，多数人主张放弃南满北上。14日，陈云主持会议，在反复与大家交流看法后，循循善诱地说："东北的敌人好比是一头牛，牛头牛身子是向北满去的，在南满留了一条牛尾巴。如果我们松开这条牛尾巴，那就不得了，这头牛就要横冲直撞，南满保不住，北满也危险；如果抓住了牛尾巴，那就了不得，敌人就进退两难。因此，抓牛尾巴是个关键。"陈云最后斩钉截铁地说："我是来拍板的，拍板坚持南满！要在长白山上插红旗，摇旗呐喊！如果这个决定下错了，责任由我来负，希望大家团结一致，共同对敌！"陈云的讲话统一了大家的思想。四十多年后肖劲光高度评价："这是关键时刻决定性的一板，这是陈云对坚持南满斗争的一大贡献。"

抓住牛尾巴

1946年12月17日，我军第四纵队按照既定部署，跳出敌人封锁圈，在安（东）沈（阳）路两侧，发动外线作战。经过十天激战迫使敌进攻临江的两个师回援。正面作战的第三纵队，抓住战机，在通（化）辑（安）线上实施反击作战，歼敌一千七百余人。第四纵队挺进敌后，歼敌两千三百余人。为策应南满作战，北满部队于1947

四保临江纪念碑

年1月5日跨过松花江。一下江南，采取“围点打援”的战法，向长春、永吉以北的国民党军发起进攻，肃清了农安、九台以北和德惠以东之敌，切断了吉长路、中长路，迫敌从南满抽调四个师北援，有力地支援了南满的防御作战。1月20日，一保临江胜利结束。

1月30日，敌集中四个师兵力，分三路再犯临江。针对敌位于高丽城子的一个师孤军深入，我军第三纵队集中优势兵力进行围歼，歼敌两千余人。随后我军挥师三源浦，一举消灭增援的敌一个师近两千人。

2月中旬，敌出动五个师三犯临江。我军首先打敌侧翼暴露的师，然后将敌另一个师拦腰斩断并击其侧后，歼敌一个团又三个营，迫敌放弃辑安。此战，第四纵队十师师长杜光华壮烈牺牲。其间，北满部队发起二下江南作战，围攻德惠，调动敌两个军兵力。南满部队乘胜作战，连续收复辑安、金川、柳河、辉南、桓仁五座县城。在北满部队北撤休整时，国民党军集中两个军兵力，大举北进，企图与北满部队决战于松花江两岸。北满部队立即反击，于3月8日三下江南，至3月16日，共歼敌七千余人。

3月27日，国民党军集结二十个团的兵力，妄图趁北满部队不能渡江策应之隙，向临江发动第四次进攻。在这紧要关头，陈云等当机立断，以准备“打几个恶仗、硬仗、较冒险仗”，不惜付出损失我军三分之二或四分之三的代价打胜这一仗。我军集中优势兵力，于4月3日歼灭国民党军一个师又一个团。国民党军最后一次进攻临江彻底失败。

胜利的丰碑

四保临江战役的胜利，粉碎了国民党的进犯企图，极大地鼓舞了我军指战员革命必胜的信心，扭转了南满和整个东北战局。东北民主联军由战略防御转为战略反攻，随后乘胜发动夏、秋、冬三季攻势，为辽沈战役和东北解放奠定了坚实基础。

四保临江战役的胜利是一切为了大局的胜利。面对东北复杂的形势，陈云临危请缨，主动要求去南满。他指出，“（南满）为东北重要的侧翼战略阵地”，要求广大官兵明白“南满作战总的说是牵制战，牺牲是一定会有的。但局部牺牲是为了保住整体，使战略地位不至丢弃”。

四保临江战役的胜利是我党我军和人民群众紧密团结、共同奋斗的结果。广大指战员爬冰卧雪，不怕牺牲，人民群众参军参战，多次穿越敌人炮火封锁为部队运送给养，护理伤员，安排宿营。军民团结奋战，沉重地打击了国民党军的嚣张气焰。

四保临江战役的胜利是在党中央的统一部署下取得的。在党中央、东北局领导下，北满、南满部队相互配合，在对敌作战中形成两个战场相互支撑与配合的格局，有力地改变了敌我战略态势。

（作者：张士文　赵镝）

扭转被动形势　坚定必胜信心

——鲁南战役纪念碑碑文敬读

鲁南战役纪念碑于2020年1月落成，矗立在山东省临沂市兰陵县新兴镇大青山鲁南战役纪念广场上，主体部分高度为19.47米，象征鲁南战役胜利时间为1947年。碑文全文如下：

解放战争时期，山东解放区军民在中共中央的英明领导下，同仇敌忾，浴血奋战，与国民党反动派展开殊死斗争，为夺取解放战争的伟大胜利建立了卓越功勋。鲁南战役即是其中的典范。

一九四七年一月二日晚，陈毅、粟裕等遵照毛泽东主席“集中主力歼灭鲁南之敌”的指示，率山东、华中野战军和鲁南、鲁中军区部队，分左右两个纵队向国民党整编第二十六师及第一快速纵队发起猛攻。右纵队迅速攻占平山、石城崮、青山、马庄等敌军驻地北侧战略要地；左纵队攻克卞庄，西进横山、兰陵一带，迫退国民党援军整编三十三军，完成战役合围和战术分割。四日上午，在我军强大攻势下，敌军仗恃装甲、坦克等美械装备突围。时值雨雪

交加，道路泥泞，敌优势顿失，被包围于新兴、兰陵一带的糖稀湖。下午三时许，敌整编第二十六师及被誉为“国军精华”的第一快速纵队三万余人大部被歼。九日，粟裕率部合围峄城，激战两日全歼国民党二十六师残部，俘中将师长马励武。十六日夺取齐村，十九日总攻枣庄，全歼国民党军整编第五十一师，俘中将师长周毓英。此役历时十八天，我军以伤亡八千余人的代价，歼灭国民党军五万三千人，缴获坦克二十四辆，汽车四百七十余辆，各种火炮四百二十余门及大批枪支弹药，为山东野战军、华中野战军合并为华东野战军，为组建华东野战军特种兵纵队奠定了基础。

此役，首创人民军队一次歼灭敌两个整编师和一个快速纵队的光辉战例，粉碎了国民党军会攻临沂、分割山东的企图，极大地鼓舞了解放区军民的胜利信心，具有特别重要的政治和军事意义。战役期间，山东解放区一万七千多民兵、六十多万民工参战支前，数百万群众在后方筹集、加工、运送各类作战物资，为夺取胜利作出了巨大贡献。

青龙山雄踞鲁南，视野开阔，鲁南战役前指曾设在此处。为缅怀革命先烈、弘扬沂蒙精神，特立碑承志，以策后人！

在鲁南战役中牺牲的烈士们永垂不朽！

二〇二〇年一月

碑文生动呈现了鲁南战役的过程，科学评价了鲁南战役的地位，主题鲜明、行文朴实、意蕴深远，给人以教育和启迪。

鲁南战役纪念碑

开创一次作战歼敌最多的纪录

鲁南战役是解放战争时期，中国人民解放军山东野战军和华中野战军，在山东省鲁南地区对国民党军进行的进攻战役，亦称“峄枣战役”。

山东野战军第九师于1947年1月2日晚发起了对青山、青山套、石城崮的进攻，在“夺取青山、石城崮，打开胜利门”的口号下，激战至次日拂晓前，石城崮之战全歼一个连，青山之敌逃窜；二十六团一部向北大窑发起进攻，至3日6时全歼守敌两个连，占领该村。为加速战役进程，二十三团团长陈士法、政委王六生带领全团奋战东围子，打退了敌人一次又一次的进攻。至4日，鲁南战役第一阶段胜利结束。为了进一步扩大战果，陈毅、粟裕紧接着安排部署了第二阶段的作战任务，相继取得了峄县城战斗和枣庄攻坚战的胜利。

面对武器装备水平远高于自身的敌军，我军在不到二十天的时间内就取得了战役的胜利，沉重打击了进犯的国民党军的嚣张气焰，粉碎了其进攻山东解放区首府临沂的计划。战役结束后，陈毅写下《鲁南大捷》诗篇：“快速部队走如飞，印缅归来自鼓吹。鲁南泥泞行不得，坦克都成废铁堆。快速部队今已矣，二十六师汝何为？徐州薛岳掩面哭，南京蒋贼应泪垂。”人民解放军以伤亡八千多人的代价，歼灭国民党军整编第二十六、第五十一师和第一快速纵队，共五万三千人。这场战役歼敌超过两个整师，开创了解放战争以来一次作战歼敌最多的纪录。

一场群众基础深厚的人民战争

军民合力是解放军取得战争胜利的法宝，是沂蒙精神的力量基点。“最后一粒米做军粮，最后一块布做军装，最后一个儿子送战场”，中国共产党紧紧依靠人民群众，取得了解放战争的伟大胜利，建立了新中国。

鲁南地区作为老革命根据地，拥有深厚的群众基础。鲁南战役发起后，鲁南民兵闻令而动、积极参战，六十多万民工、大小车一千五百余辆、担架六千余副支援前线参战。数百万群众在后方筹集、加工、运送各类作战物资，有力地配合了前方主力作战，保障了一线部队之需。数万民兵组成子弟兵团，是这次战役支前的主力军。他们一般以县为单位编为团，一个团辖四个至六个中队。整个鲁南地区组织了一百七十五个连队的子弟兵团。例如，费县子弟兵团深入峄县、枣庄附近，割电线四次，炸毁桥梁五次；麓水县子弟兵团第三大队八连，看见有伤员找不到担架，立刻用树干和自己的背包带编成担架，把伤员抬下火线，使他们得到了及时有效的救治。

具有特别重要的政治和军事意义

鲁南战役是我军在运动战中歼灭敌人的优秀战役范例，是华东野战军走向胜利的开端，具有特别重要的政治和军事意义。

一是鲁南战役扭转了华东战局的严峻形势。1946年6月，蒋介石撕毁双十协定和政协决议，对解放区发动了全面进攻，使全国各大战场人民解放军处于被动局面。对此，李先念在致电中共中央时就曾指出："困苦之状绝不亚于红军长征后一阶段。"我军在国民党军步步紧逼、深入山东根据地，并使华东战局处于极度被动局面时迎战了最为强大的一路敌军。鲁南战役是解放战争以来我军取得的重要胜利，扭转了华东战局的被动形势。

二是鲁南战役增强了我军在华东战区的作战能力。鲁南战役胜利后，华东野战军利用在历次作战特别是鲁南战役中缴获的坦克、重炮、汽车及其他辎重，在沂南县组建了特种兵纵队，大大提高了华东部队大兵团作战和攻坚作战能力，为华东野战军的战略反攻奠定了重要军事基础。对此，粟裕曾谈道，我军经过十个月作战，各级指挥员积累了大兵团作战经验，武器装备也有很大改善，特种兵纵队已有相当基础，火力大大加强，具备了围歼强敌的基本条件。

三是鲁南战役坚定了山东人民的胜利信心。鲁南战役之前，随着苏中根据地和苏北根据地的相继失陷，山东根据地处于风雨飘摇之中，根据地人民群众更是忧心忡忡。而鲁南战役的胜利，粉碎了国民党军对山东根据地的进攻，极大地鼓舞了山东人民的斗志，振奋了民心，坚定了革命必胜的信心。

（作者：林学启）

堪爱，堪爱，蒋军进攻必败

——孟良崮战役纪念碑碑文敬读

孟良崮战役纪念碑位于山东省临沂市蒙阴县孟良崮山顶，1984年为纪念孟良崮战役而建。纪念碑高30米，由三块状如刺刀的灰色花岗石筑成，象征着华东野战军、地方部队和民兵的武装力量体制。底座为边长20米、高1.6米的正三棱体，组成一个枪托，意寓枪杆子里面出政权。纪念碑的上下部构成一个有机的整体，象征着军民团结必胜、人民战争必胜。碑中部正面镌刻着胡耀邦1984年10月亲笔题写的“孟良崮战役纪念碑”八个镏金大字，碑东面镌刻着陈毅元帅《如梦令·临沂蒙阴道中》诗词，碑西面镌刻着粟裕将军“英雄孟良崮”的题词。碑刻陈毅诗词如下：

临沂蒙阴新泰，路转峰回石怪。一遍好风景，七十二崮堪爱。堪爱，堪爱，蒋军进攻必败。

此词作于孟良崮大捷之前，陈毅记。

孟良崮战役纪念馆（邓凯　摄）

陈毅的词气势磅礴，豪迈有力，充满革命乐观主义精神，绘就了一幅在巍峨壮美的沂蒙山崮中军民同心同力、浴血奋战的历史画卷。孟良崮位于蒙阴县东南与沂南县西部交界之处，其地貌属构造剥蚀低山丘陵，山顶由于流水侵蚀多呈浑圆状、馒头状及桌状，当地称为“崮”，闻名的沂蒙七十二崮，包括孟良崮就是代表之一。这里延绵上百公里的大规模断裂地貌特征，弧形弯曲，确实是“路转峰回石怪”。穿越时空，重回烽火连天、硝烟弥漫的激情岁月，感悟革命情怀，汲取奋勇向前的精神动力。

“出其不意，震惊中外”的经典传奇

孟良崮战役是解放战争时期，中国人民解放军华东野战军于1947年5月13日至16日，在山东蒙阴县孟良崮地区对国民党军队进行的一次山地运动歼灭战。陈毅、粟裕指挥的华东野战军取得了战役的胜利，国民党军“五大主力之首”的整编第七十四师被全部歼灭。此次战役粉碎了国民党军对山东解放区的重点进攻，一举扭转了华东战局乃至全国战局，是人民战争的光辉典范。

1947年3月下旬，国民党军集结了二十四个整编师（军），六十个旅约四十五万五千人，以精锐主力整编第七十四师、第五军、整编第十一师为骨干，采用“集中兵力，密集靠拢，加强维系，稳扎稳打，逐步推进”的战法，妄图实现占领整个山东解放区的战略目的。面对强敌云集的严峻形势，陈毅、粟裕运筹帷幄，积极备战，一面寻找战机，一面创造战机。5月初，根据中央军委和毛泽东的指示，华东野战军及时调整作战部署，将主力后撤，让国民党军放开胆子前进。国民党军误以为华东野战军“攻势疲惫”，遂下令跟踪追剿。以全部美式装备的国民党军整编第七十四师为进攻主力军和急先锋，在整编第四十八、第六十五师的配合下，实施“中央突破”，试图引诱解放军对其包围，然后由外围的国民党军实施反包围，以达到围歼解放军于山东境内的目的。陈毅、粟裕冷静应对，以猛虎掏心的胆略和“百万军中取上将首级”的豪气，集中优势兵力，以“中央突破”对“中央突破”，周密细致部署，抢抓战机，硬是在国民党军强敌环伺的包围中，以五大纵队突击围攻，四大纵队阻援，把装备精良、力量强大的整编第七十四师分割出来，并予以彻底歼灭。孟良崮战役沉重打击了国民党的最精锐部队，粉碎了国民党军的“鲁中决战”计划，鼓舞了解放区军民的胜利信心，吹响了人民解放军战略反攻的冲锋号，取得了震惊世人的胜利，在解放战争史上写下了光辉的一页。

战役胜利后，陈毅诗兴大发，挥毫写下：“孟良崮上鬼神号，七十四师无地逃。信号飞飞星乱眼，照明处处火如潮。刀丛扑去争山顶，血雨飘来湿战袍。喜见贼师精锐尽，我军个个是英豪。”

“水乳交融，生死与共”的军民情怀

民心向背是战争胜利与否的关键所在，人民战争永远是克敌

孟良崮战役纪念碑（邓凯　摄）

制胜的法宝。孟良崮战役是人民战争的光辉典范，生动诠释了军民水乳交融、生死与共的情怀。战役期间，二十七万解放军战士冲锋陷阵的背后，是九十二万余人的沂蒙支前民工。“最后一碗米送去做军粮，最后一尺布送去做军装，最后一件老棉袄盖在担架上，最后一个亲骨肉送去上战场”，这首民谣真切反映了人民支持是战争胜利之本。

孟良崮战役中涌现出无数支前的先进群体和英雄模范：支前民工用小推车抢运弹药、运水送粮、运衣送药；浩浩荡荡的担架队争分夺秒转运伤员；广大民兵打击、袭扰、迷惑敌人，为部队当向导、收缴武器、看押俘虏；女性模范群体“沂蒙六姐妹”组织发动全村拥军支前，为部队抬担架、缝军衣、做军鞋、碾米磨面、护理伤员；沂蒙大娘冒着生命危险给华东野战军第二纵队炮兵连连长施夫俊指示射击目标位置，协助完成阻击任务；以李桂芳为代表的三十二名沂蒙妇女挺立在河水中，肩扛门板，架起一座火线桥，用柔弱身躯支撑战士们奔赴战场。英雄的沂蒙儿女，筑起了不倒的人民长城。军民鱼水情深、同仇敌忾是孟良崮战役取得胜利的根本保障。

“前赴后继、英勇顽强”的革命精神

孟良崮山区易守难攻，这给华东野战军仰面进攻带来巨大困难，每攻克一个山头都要经过数次冲锋、反复争夺，战斗异常惨烈，尸体堆叠了一层又一层。华东野战军先后有两千多名指战员献出了宝贵生命，九千多人光荣负伤。孟良崮战役中涌现出许多英雄部队和铁血战士。“孟良崮战役大功连”华东野战军第一纵队二师四团一营一连激战540高地，连续打退敌人五次反扑，为夺取战役胜利立下大功。“侦察英雄”齐进虎，在孟良崮战役前夕，带领三名侦察兵潜入国民政府军防区，缴获敌整编第七十四师兵力部署和作战计划等文件，对战役胜利发挥了重要作用。被毛泽东誉为中国“南丁格尔”的李蓝丁，孟良崮战役期间任医疗队队长，带领医疗队连续奋战四昼夜，转移伤病员四千余名。在孟良崮战役期间，鲁中区组成六十多个爆炸破袭队，埋设大量地雷，配合主力作战。著名的“爆炸大王”臧西山带领民兵配合爆炸破袭队，在新泰至蒙阴的公路上积极埋雷，有力地阻击了国民党增援部队。战斗英雄和革命先烈们发扬不怕牺牲、奋不顾身、百折不挠的英雄气概，前赴后继、英勇顽强，为孟良崮战役的胜利立下了不朽的功勋。

（作者：燕芳敏）

历山巍巍泺水悠悠　烈士功勋光照千秋

——解放济南战役革命烈士纪念碑碑文敬读

1988年9月，中共济南市委、济南市人民政府在解放阁举行济南解放四十周年纪念大会暨解放济南战役革命烈士纪念碑揭碑仪式。纪念碑立于解放阁台基东侧，碑上镌刻着三千七百六十四名为解放济南而壮烈牺牲的革命烈士英名。在解放阁入口处的墙上，刻有《解放阁修建碑记纪念济南战役》：

公元一千九百四十八年九月，中国人民解放战争进入战略决战前夜，人民解放军华东野战军举行了著名的济南战役。济南南倚岱岳，北临黄河，雄踞齐鲁，襟连京沪，素为历史文化名城，军事战略要地。时国民党以第二绥靖区十一万重兵，凭藉易守难攻之地势与高十四米厚十米之城垣构成纵深约二十华里之防御体系，固守济南并陈兵十七万于徐海，以待北援。我华东野战军司令员兼政治委员陈毅、副司令员粟裕等遵照中共中央、中央军委主席毛泽东、人民解放军总司令朱德、中央军委副主席周恩来

"攻济打援"之战略部署，在中共地方组织、人民政府和广大群众的支援下，以十八万兵力阻援打援，以十四万兵力攻取济南。九月十六日午夜十二时，攻城部队在山东兵团司令员许世友、政治委员谭震林、副司令员王建安等指挥下，分东西两路同时向济南发起猛烈进攻。东路军攻势凌厉，一举攻占茂陵山、燕翅山，包围历城。西路军势如破竹，首克长清，直插机场。十九日，国民党九十六军军长吴化文率部二万余人起义，我两路大军乘胜前进，扫清外围，攻占商埠，逼进城下抢架浮桥、云梯，英勇奋战，浴血登城。第九纵队七十三团首先突破城垣东南隅，第十三纵队一零九团相继突破城垣西南角。经激烈巷战，攻入国民党山东省政府，捣毁守军指挥中心。至二十四日十七时，全歼守军，济南宣告解放。是役，毙伤俘守军八万四千余人，生擒国民党第二绥靖区司令官兼山东省政府主席王耀武等将官三十四名。我华东野战军第三纵队八师师长王吉文、第十三纵队三十七师政治委员徐海珊等将士两千九百三十人在战役中壮烈牺牲。济南战役之胜利打破了国民党重点防御计划，揭开了全国解放战争战略决战之序幕，在中国人民革命战争史上写下了光辉壮丽之篇章。为纪念济南解放，继承革命传统，一九六五年济南市人民委员会于解放军首先突破之城垣旧址，始建解放阁台基。甫成，陈毅元帅题字镌于壁。今逢济南战役胜利三十八周年，国家社会主义现代化建设事业蓬勃发展，政通民和，经济振兴。济南市人民政府顺应人民意愿于台基之上续建高阁，工竣，爰刻此碑以志铭曰：

历山巍巍，泺水悠悠，烈士功勋，光照千秋。

济南市人民政府

公元一九八六年九月二十四日　立

武中奇书丹

党中央审时度势敢于斗争，揭开战略决战的序幕

1946年6月，蒋介石彻底撕毁停战协定，悍然向各个解放区发动全面进攻，内战全面爆发。1948年9月，全国战场的形势出现根本逆转，我军转入全面进攻，将战争推向国民党统治区，而国民党军则由全面进攻转为全面防御、重点防御。东北、华北的国民党军屡战屡败，只能固守济南等少数大城市。济南北濒黄河，南倚泰山，地势险要，易守难攻，历来为兵家必争之地。全面进攻和重点进攻解放区的阴谋破产后，蒋介石视济南为维持华北残局的战略要点，派其得意门生、“黄埔名将”王耀武率十一万重兵把守，筑成四道防线构成最坚固的核心阵地，号称“固若金汤”。

毛泽东和中央军委抓住稍纵即逝的战机，从解放战争的全局出发，在辽沈战役打响四天后，果断发起济南战役。华东野战军遵照党中央、中央军委周密部署的“攻济打援”作战计划，从1948年9月16日至24日，攻城东西线兵团同时向国民党守军阵地发起全线攻击，历经八昼夜浴血奋战，全歼守敌十万余

解放济南战役革命烈士纪念碑碑文（桑雨　摄）

人，济南宣告解放。从此华东、华北两大解放区完全连成一片，为我军同国民党军的战略决战创造了有利条件，拉开了战略决战的序幕。

人民解放军不怕牺牲敢于胜利，取得了辉煌战果

获悉济南被攻克后，蒋介石严重失态，“将收音机摔得粉碎”，亲自乘机飞到济南上空观察后才确信这一事实。济南大捷证明人民解放军的攻坚能力已大大提高，胜利影响已然动摇了国民党反动军队的内部根基。这是两年多革命战争发展中给予敌人的最严重的打击之一。

济南战役的胜利，靠的是全体指战员对党和人民的无限忠诚和一不怕苦、二不怕死的革命精神。战前，各参战部队积极练兵备战，进行了极为充分的战斗准备。战士滕兴元写下决心书：我要求完成最艰苦的任务，轻伤不下火线，重伤不哭叫，打下济南为山东人民报仇，争取立功！总指挥许世友亲临前线指挥，身先士卒，威震敌胆。战役第四天，战况惨烈，伤亡较大，有人建议部队撤下来，进行休整补充。许世友坚决不同意：不能给敌人喘息机会，坚决把敌人打下去！一时间，军号齐鸣，炊事员、通信员、马夫等全都冲上前线，宏伟的气势顿时压倒敌军。英勇的指战员们，在枪林弹雨中前仆后继，用生命谱写了胜利之歌。

广大群众倾其所有拥军支前，构筑起胜利的坚强后盾

济南战役中，山东群众响亮地提出“砸锅卖铁，倾家荡产，支援前线”“解放军打到哪里，我们就支援到哪里”的战斗口号。成千上万的支前大军，侦察敌情，送粮送水送情报，抢救伤员，押送俘虏，追剿残敌。敌人飞机轰炸时，他们扑在伤员身上，宁肯牺牲自己，也不让伤员第二次负伤。担任运粮任务的群众，把自家粮食全部献出，自己却饿着肚子。据不完全统计，仅泰西地区就出担架两万五千余副、小车两万四千余辆、大车一千六百辆、大小船只七百四十一只，民兵八千余人，共计用民工七十二万八千余人。年仅十五岁的历城民工刘二子一天跑七十里路，挑粮八十斤送往前线。战役还未结束，王耀武趁夜乔装逃跑，到寿光时被民兵抓住，跑了二百公里仍没能逃出人民的手掌心，对“军队打胜仗，人民是靠山”作了最完美的注脚。

隐蔽战线善于斗争分化瓦解，加速了战役胜利进程

我地下党组织冒着生命危险做了大量深入细致的工作，促使国民党第九十六军军长兼整编第八十四师师长吴化文在战役第三天，终于下定决心率部两万余人起义，关键时刻发挥了重要作用。蒋介石的倒行逆施，使吴化文等人感觉前途无望。此时的济南城

在人民解放军如铁桶般围困下，已陷入四面楚歌，成为一座孤城。国民党守军早如惊弓之鸟，而人民解放军则气势如虹。攻城命令一下，华东野战军凌厉的攻势如排山倒海。远在平津、徐州的国民党军前来救援的希望破灭，十一万大军固守待援，军需物资仅靠空运，已是杯水车薪。吴化文几度犹豫之后，最终顺应历史潮流，选择阵前起义，向党和人民投诚，大大加速了战役胜利进程。

（作者：时新华）

誓与阵地共存亡

——塔山阻击战革命烈士纪念塔碑文敬读

塔山阻击战革命烈士纪念塔位于辽宁省葫芦岛市塔山阻击战革命烈士陵园内。塔高12.5米，基台150平方米，采用花岗岩石砌成，内为钢筋水泥浇筑。塔座正面镶有花环石雕，以示对烈士们的深切祭奠。塔身为正方形石柱，象征人民解放军如擎天之柱。塔顶饰有云纹图案，象征着烈士们叱咤风云的英雄气概。塔身正面是1984年12月24日陈云的题词“塔山阻击战革命烈士永垂不朽”。纪念塔背面镌刻着纪念碑文，记录了塔山阻击战的英雄事迹，内容如下：

一九四八年九月十二日至十一月二日的辽沈战役，是中国人民解放战争具有决定意义的三大战役之一。在这个伟大战役的第一阶段，我中国人民解放军第四野战军第四纵队和第十一纵队奉命在塔山一线阻击由锦西、葫芦岛北上增援之敌，保证我军迅速地攻克锦州。

自十月十日起，敌人为了挽救危局，人民公敌蒋介石亲自出

马督战，以十一个师的兵力，在其海、空军配合下，向我军塔山堡、铁路桥头和白台山三个主要阵地全线展开了疯狂的进犯。我阵地守军第四纵队全体指战员，在中国共产党的英明领导下，由于人民群众的大力支援，在长达八千米无险可守的阵地上，与敌人短兵相接，日夜鏖战，阵地失而复得，工事毁而再修，英勇顽强地抗击敌人反复冲击，使敌人遭到重大杀伤，狼狈溃逃，我军坚守六昼夜，阵地屹立未动，胜利地完成了阻击任务。

塔山阻击战的胜利，是毛主席伟大军事思想的胜利。这一胜利，保证了兄弟部队全歼锦州守敌十万余人，从而斩断敌人关内外联系的咽喉，使东北守敌从此陷入无法逃脱全军覆灭的命运，为解放东北全境创造了有利条件。

塔山阻击战中，许多中国人民的优秀儿女，为祖国的解放事业献出了宝贵生命，创立了伟大功勋。烈士们崇高的共产主义精神，将永远鼓舞人民革命胜利前进。烈士们的丰功伟绩，将在中国人民革命史上永远放射光辉。

塔山阻击战光荣牺牲的烈士们，永垂不朽！

锦州市第五届人民代表大会

一九六三年十月十五日立

碑文不到六百字，强调了这场阻击战的重要意义，再现了解放军战士们鏖战塔山、坚守阵地、奋勇抗敌的战斗历程，彰显了顾全大局、严守纪律、勇于牺牲、敢打必胜的塔山精神。

塔山阻击战革命烈士纪念塔（塔山阻击战纪念馆　供图）

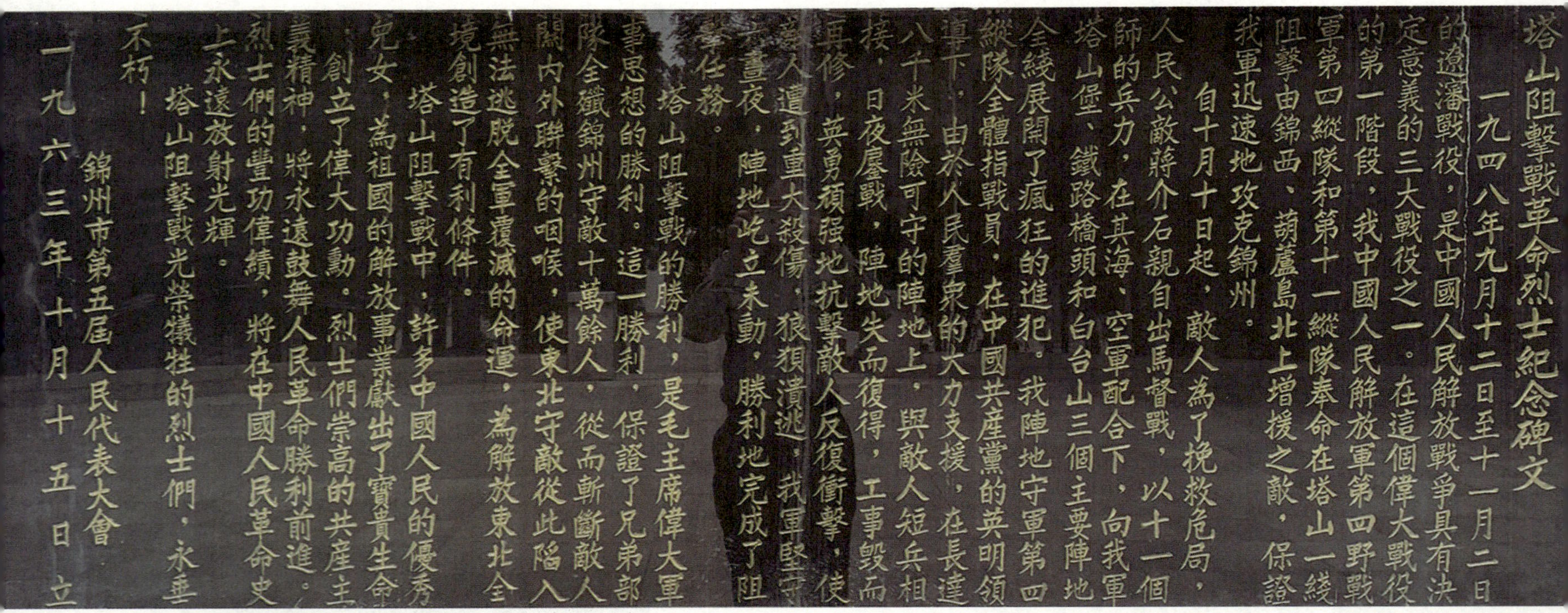

塔山阻击战革命烈士纪念塔碑文（塔山阻击战纪念馆　供图）

官兵一心　死守阵地

塔山阻击战是我军战史上最为惨烈的战斗之一，打破了蒋介石增援锦州的计划，奠定了人民解放军在整个辽沈战役中的胜局。

塔山并不是一座山，而是仅有百十户人家的小村庄。距葫芦岛不足十公里，离锦州约三十公里。塔山更是无险可守，仅为一条宽约十公里的狭长地带，公路、铁路贯穿其中。从战略意义上讲，塔山是国民党军北上支援锦州的咽喉要道，能否守住塔山事关整个辽沈战役的成败。1948年蒋介石亲赴葫芦岛督战，国民党军由十一个师组成“东进兵团”，由侯镜如坐镇指挥，妄图突破塔山阵地。当时敌军居高临下，地形对敌有利，我军作战准备时间紧，并没有坚固完整的作战准备阵地。与此同时，敌军的兵力大于我军数倍，更有海、陆、空三军协同作战，而我军只能以单一兵种进行防御。

战前第四纵队召开了阵前士兵代表大会，第四纵队党委发布了《致全体共产党员信》《告全纵队指战员书》，号召“寸土必争，与阵地共存亡”，阵地上到处写着“死打硬拼，人在阵地在”等标语。这些标语和口号，鼓舞了士气，凝聚了人心，彰显了战士们坚守阵地、顽强抵抗的决心。十二师师长江燮元当众宣誓：“我的位置就在同志们身边，为了保证锦州作战的胜利，我随时准备献出自己的最后一滴血！”十师政委李丙令在干部会上庄重承诺：“为了粉碎敌人增援锦州的企图，我誓与同志们同生死共患难，抛头颅洒热血而不后退一步！”十二师三十四团团长焦玉山、政委江民风更是留下遗嘱：“如果牺牲了，就把我埋在阵地上。”参战部队抱着必死的决心，进阵地就没想过活着回来。在中国人民解放军的优良传统中，“跟我上”从来都不仅仅是一句口号，而是官兵一心、团结一致、共克强敌的强大战斗力。

周密部署　灵活抗敌

在正确分析敌我双方情况、了解地形以及明确自己的任务后，第四纵队定下阵地防御的策略。通过分析研判，我军主要兵力应在塔山桥、塔山堡和刘家屯北高地这三点进行重点防御，守住这三个重要阵地，既增大了我军阵地的纵深，有利于节省守备兵力，同时可以制止其炮兵不敢靠前，有利于我军灵活机动。

1948年10月10日至15日，国民党军队在军舰、飞机、重炮的掩护下，时而中央突破、两翼配合，时而两翼突破、夹击塔山，时而三路出击，甚至全面铺开，偷袭与强攻等手段并用。面对瞬息万变的战场局势，我军不断调整策略积极应对，阵地失而复得，工事毁了再修。面对敌人的冲击，实施猛烈的反冲击，将敌人赶了回去。利用夜间插入敌后侦察、设伏，捕获了国民党的一位副团长，获取了敌军战略部署的重要情报。15日，锦州解放，长达六天六夜的塔山阻击战落下帷幕。东北野战军首长给第四纵队发嘉勉信，认为塔山阻击战是“英勇顽强的防御战”，创立了坚守防御的模范。

勇于牺牲　敢于斗争

面对枪林弹雨，勇于牺牲的精神融入了战士们的行动中，化作最坚韧的防御，捍卫着每一寸阵地。10月11日在大部工事被毁的情况下，三十六团官兵英勇抵抗。四连五班班长徐忠智在全排伤亡、弹药耗尽的情况下，拉响了最后一颗手榴弹与敌人同归于尽。

面对装备和数量胜过自己的敌人，我军官兵敢于斗争，以命相搏，绝不退缩。13日，有着“赵子龙师”称号的国民党军第九十五师联合第八师派出了“敢死队”，疯狂向我军二十八团的阵地发起攻击。二十八团先后八次击退敌军。二连指导员程远茂在身负重伤的情况下，仍带领该连仅存的七名同志，用刺刀、石头与敌人展开殊死搏斗。15日，国民党军投入五个师的兵力作垂死挣扎，我军三十四团一营的四名战士，依托一棵大树，只用一挺机枪便击退了敌人的九次进攻，歼敌五十多人。自此，这棵树便成了“英雄树”。

塔山阻击战为人民解放军攻打锦州，形成“关门打狗”之势起到了关键性作用。其中涌现出了守备英雄团、塔山英雄团、白台山英雄团、威震敌胆炮兵团等英雄团队。鲍仁川、程远茂等二十人被授予“战斗英雄”称号和“毛泽东奖章”。

（作者：侯悦）

为全国胜利提供可靠的战略后方基地

——东北解放纪念碑碑文敬读

在纪念东北解放四十周年之际，沈阳市和平广场矗立起一座庄严的历史纪念碑，中共中央东北局首任书记彭真题写了碑名“东北解放纪念碑”。

东北解放纪念碑堪称思想内容和造型艺术完美结合的佳作。苍松、翠柏，蓝天、白云映衬下的纪念碑，高大、雄伟、庄严，令人肃然起敬。纪念碑的设计别具匠心，三角亭式碑形表达了强烈的时空感，四十只展翅飞翔的鸽子浮雕烘托着主碑下部的英文字母“V”（胜利），主碑外侧是顶部相连向下呈三角形环绕主碑的三条拱带，整体设计意喻欢庆战争胜利与珍视和平生活，同时饱含了东北人民对革命英烈的无限缅怀之情。碑文全文如下：

抗日战争胜利后，以蒋介石为首的国民党政府在美国的支持下，调动大批军队进攻东北解放区，妄图消灭共产党领导的人民革命力量，统治全东北。是时，中共中央东北局遵照中共中央

的指示，广泛发动群众，发展武装，大力开展剿匪锄奸反霸斗争，创建民主政权，建立了根据地，壮大了人民革命力量。面对国民党军大举进攻，东北民主联军根据中共中央军委制定的积极防御战略方针，不断地组织自卫反击，继四平保卫战之后，又于一九四六年底发起“四保临江，三下江南”作战，粉碎了东北国民党军“南攻北守，先南后北”的战略计划。一九四七年五月，我军展开夏季攻势，使东北战局发生了根本变化。九月至翌年三月，东北我军转入战略进攻，连续举行秋冬季攻势，歼灭了大量国民党军，将敌人压缩于锦州、沈阳、长春三个孤立地区。在此期间，解放区的土改和支援前线运动深入开展，国民党统治区的民主运动空前高涨。东北我军在战略上处于绝对优势，遂于一九四八年九月十二日遵照中央军委和毛泽东主席关于夺取锦州，将敌军封闭在东北境内各个歼灭的指示，发起了辽沈战役。经过五十二天激战，至十一月二日，取得了中国人民解放战争中具有决定意义的辽沈、平津、淮海三个战役的第一个战役的伟大胜利，歼灭和争取起义、投诚、投降的国民党军共四十七万余人。东北人民解放军在东北广大人民群众和关内各战场人民解放军的支援配合下，经过三年的浴血奋战，共歼灭敌军一百零六万余人，解放了东北全境，使东北地区成为全国解放战争巩固的战略后方。东北野战军尚未休整即奉中央军委命令入关作战，从而加速了全国解放战争胜利的进程。

在东北解放战争中，我军将士不畏艰险，不怕牺牲，前赴后

继，英勇奋战，为中国人民的解放事业建立了卓越功勋，各级党政干部和广大人民群众积极参战支前，做出了巨大贡献，这些丰功伟绩将永远铭记在后代人民心中。

为东北解放战争胜利而牺牲的烈士永垂不朽！

中国人民解放军沈阳军区

辽宁省人民政府

吉林省人民政府

黑龙江省人民政府

沈阳市人民政府

建立于东北解放四十周年

东北解放战争是中国人民解放战争的重要组成部分，历时三年，从1945年11月初开始，到1948年11月2日解放沈阳结束。东北解放战争不是一个局部问题，而是一个有关革命和反革命大决战的全局问题，它是中国人民解放战争极其重要的组成部分，对于中国革命胜利具有决定性的意义。

东北革命根据地的建立和巩固，使得中国革命根据地摆脱了长期被敌人包围的局面。大革命失败后，中国共产党领导的革命根据地斗争，始终处在四周白色政权的包围之中，在战略上处于被动的地位。1945年8月，日本战败投降，国民党反动派在美国的支持下到东北劫掠胜利果实，中国共产党领导的革命事业面临着新的严峻的战争威胁。在党中央和毛泽东的正确领导下，经过

东北解放纪念碑（中共辽宁省委党史研究室　供图）

剿匪、土改、建党、建政、扩军、发展生产等一系列工作的扎实开展，东北革命根据地建成并逐渐巩固，粉碎了敌人妄图夺取整个东北并实行南北包围的阴谋计划，从而使我军获得了一个改变中国革命根据地长期被敌人包围局面的战略支撑点。

东北革命斗争的深入开展，消灭了国民党大量的精锐部队，有力地配合了关内解放区作战，大大加速了全国解放战争胜利的历史进程。东北沦陷的十四年间，国民党部队在东北无一兵一卒。抗战胜利后，国民党反动派为了争夺东北，把大量美械化部队运往东北，这就在客观上减轻了关内解放区的压力，使我军获得六个月的休整时间用于开展练兵、减租和生产。1946年6月全面内战爆发后，关内各解放区进行的自卫战争迫使国民党不能抽出更多的精锐部队到东北，东北解放区由此得到了休整部队和发动群众的时间。东北民主联军经过1947年开始的三季攻势，主力部队已经发展到七十余万人，在数量和质量上均超过了此时的国民党东北驻军。

东北解放战争的胜利，为全国解放战争的胜利，提供了可靠的战略后方基地。东北的解放，是在关内解放区及兄弟部队的支援和配合下取得的，而且对于全国来说，还是局部的。由此，把建设新东北与解放全中国紧密联系在一起成为东北干部群众的行动目标。东北野战军（1949年3月改称第四野战军）主力部队入关，同关内兄弟部队并肩作战，先后发起了平津战役、衡宝战役（中南战役）、海南岛战役，从鏖战津门到解放天涯海角，为全国

东北解放纪念碑碑文（中共辽宁省委党史研究室　供图）

解放作出卓越贡献。同时，东北解放区继续承担第四野战军作战繁重的军事供应任务。他们克服了自身发展的困难，在关内解放区建立新的革命秩序的过程中，给予了人力、财力、物力和战勤等多方面巨大的支援。

东北解放战争依托于东北革命根据地，得到了人民群众的全力支持和广泛参与，人民战争的威力得以充分体现。1946年7月7日，中共中央东北局扩大会议通过的《东北的形势和任务》提出，在东北，党的中心任务是发动群众。会后，一万两千名干部被派往东北各地开展轰轰烈烈的土地改革运动，暴风骤雨般地摧毁了不合理的旧制度，农民获得了政治上、经济上的翻身。由于土地改革运动的彻底完成，民众的政治觉悟空前提高，根据地更加巩固，人民群众用小车推出了东北解放战争的胜利。1948年东北解放区参加战勤、支援战争的规模达到前所未有的程度。据不完全统计，共计参加民工两百余万人，担架十四万九千余副，大车十五万五千余台，马四十八万六千余匹，“东北成了全国战略决战的突破口”。

（作者：李波）

铭志千秋伟业　告慰先烈英灵

——辽宁省丹东市抗美援朝纪念塔碑文敬读

在辽宁省丹东市风景秀丽的英华山上，抗美援朝纪念馆的西南侧，高高耸立着抗美援朝纪念塔。塔高五十三米，寓意1953年抗美援朝战争取得伟大胜利。塔体为方形中空式，灰白色花岗岩贴面。塔身正面镶嵌着邓小平题写的“抗美援朝纪念塔”七个镏金大字，下面是由旗帜、鲜花、彩带组成的汉白玉塔花，象征着和平、胜利和友谊。背面镌刻着颂扬中国人民志愿军丰功伟绩的塔文。塔体两侧镶嵌有“和平万岁纪念章”。四个塔墩上铸有四组大型群雕，分别描绘了抗美援朝战争、抗美援朝运动、志愿军空军和钢铁运输线的场景。塔文全文如下：

公元一九五〇年六月二十五日，朝鲜爆发全面内战，美国立即进行武装干涉，同时派第七舰队侵入我国台湾海峡，美国还置我国政府严正警告于不顾，将战火烧到鸭绿江边，出动军用飞机侵我领空，轰炸扫射我边境城乡，我国安全受到严重威胁。为了

援助朝鲜人民，保卫刚诞生的新中国，中共中央和毛泽东主席高瞻远瞩，作出抗美援朝、保家卫国的伟大战略决策。

同年十月十九日，彭德怀受命率领由中华优秀儿女组成的中国人民志愿军，高举爱国主义和国际主义旗帜，开赴朝鲜战场，与英雄的朝鲜人民并肩抗击侵略者。

全国各族人民开展轰轰烈烈的抗美援朝运动，全力支援前方将士，世界爱好和平的国家和人民坚决支持中朝人民的正义斗争。

中国人民志愿军不负众望，不畏强暴，克服种种困难，以劣势装备，同以美国为首的具有现代化装备的“联合国军”展开浴血奋战。历时两年零九个月，与朝鲜军民一起，将侵略军从鸭绿江边驱回三八线附近，迫使其于一九五三年七月二十七日在朝鲜停战协定上签字，伟大的抗美援朝战争胜利结束。中国人民志愿军与朝鲜人民军共歼敌一百零九万余人。

中国人民志愿军完成了祖国人民赋予的光荣使命，打出了国威、军威，创造出无数可歌可泣的英雄壮举，为世人敬仰，被誉为“最可爱的人”。中国人民为维护远东及世界和平做出了重大民族牺牲，志愿军将士作战伤亡和失踪共三十六万余人，为反侵略斗争的历史谱写了光辉篇章。

为铭志中国人民志愿军的千秋功业，慰藉先烈英灵，激励后人奋进，中共中央、国务院、中央军委决定修建抗美援朝纪念塔。邓小平同志题写塔名。

为抗美援朝战争献身的烈士永垂不朽！

中国人民志愿军的英雄业绩万古流芳！

一九九三年七月二十七日

塔文铭刻着捍卫和平的光荣历史，昭示着正义必胜的美好未来。凝心敬读，去感受其中蕴含的历史意义和价值精髓。

历史，永远铭记

那年那月，这个在百年战乱、分裂、贫穷中诞生的新中国刚满周岁，百废待兴、百业待举。可是，美帝国主义已经将战火烧到了中国边境。尽管敌我力量对比悬殊，党中央和毛泽东仍然高瞻远瞩，审时度势，以雄伟的气魄和非凡的胆略，作出了“抗美援朝、保家卫国”的重大决策。“雄赳赳，气昂昂，跨过鸭绿江”，同朝鲜人民和军队一道，在两年零九个月的抗美援朝战争中，中国人民志愿军以大无畏的英雄气概与世界头号强国兵戎相见，把以美国为首的武装到牙齿的“联合国军”从鸭绿江边赶回到三八线，打出了新中国的国威和人民军队的军威，展示了中华民族的浩然正气。

胜利的背后是令人动容的惨烈，1950年11月发生的长津湖战役，在零下四十摄氏度的严寒天气，伏守在水门桥冰雪中的中国人民志愿军第二十军五十九师一七七团六连的一百二十五名战士

抗美援朝纪念塔（抗美援朝纪念馆　供图）

死守战位，即使在生命的最后一刻仍然保持着伏击姿势，无一例外。长津湖战役结束后，打扫战场的志愿军在一位牺牲战士的口袋里发现了一张字条，上面写着：“我爱亲人和祖国，更爱我的荣誉，我是一名光荣的志愿军战士，冰雪啊，我绝不屈服于你，哪怕是冻死，我也要高傲的耸立在我的阵地上。”黄继光、杨根思、邱少云等许许多多的英雄，为了朝鲜人民，为了履行国际主义义务，长眠在了朝鲜的土地上。这场战争的胜利，打破了美帝国主义不可战胜的神话，创造了人类战争史上以弱胜强的范例。中国人民从此扬眉吐气，从精神上和心理上彻底地站立起来。

精神，催人奋进

抗美援朝战争的伟大胜利不仅奏响了一曲曲可歌可泣的英雄赞歌，而且锻造出伟大的抗美援朝精神，即祖国和人民利益高于一切、为了祖国和民族的尊严奋不顾身的爱国主义精神，英勇顽强、舍生忘死的革命英雄主义精神，不畏艰难困苦、始终保持高昂士气的革命乐观主义精神，为完成祖国和人民赋予的使命、慷慨奉献自己一切的革命忠诚精神，以及为了人类和平与正义事业而奋斗的国际主义精神。

爱国主义精神是抗美援朝战争取得胜利的力量源泉。战场上，志愿军指战员视祖国和人民的利益高于一切，为了祖国和民族的尊严慷慨赴死。与此同时，在国内，全国各族人民“有人出人，有钱出钱，有粮出粮”，全国范围内还普遍开展了订立爱国公约运动，各界人士捐献出可购买三千七百一十架战斗机的钱款，支援志愿军英勇作战，为战争胜利提供了坚强保障。

革命英雄主义精神是抗美援朝战争取得胜利的重要法宝。志愿军将士以勇于担当的英气、横刀立马的豪气、舍我其谁的勇气、赴汤蹈火的胆气，与美帝国主义进行了一次次惊心动魄的抗争，他们冒着零下三四十摄氏度的严寒，在白雪皑皑的崇山峻岭中纵横驰骋、前仆后继。无数勇士身负重伤后从血泊中爬起来冲向敌人，甚至用自己的身体挡住敌人的枪口，即使战斗到只剩一人一枪，仍然坚守阵地，顽强地同敌人血战到底。

革命乐观主义精神是抗美援朝战争取得胜利的有力保障。志愿军面对的客观物质条件极其不利，但他们明白，反击美帝国主义干涉朝鲜内政是正义战争，正义的战争最终必然会胜利。他们在给祖国人民的回信中写道：“我们的心情永远都是愉快的，丝毫没有因为被敌人封锁和破坏坑道而感到恐惧，因为我们知道任务的重大，明确战斗的意义，坚信我们一定胜利！”

革命忠诚精神是抗美援朝形成强大战斗力的思想根源。在中央政治局会议反复讨论出兵和挂帅问题、争论很激烈时，彭德怀坚定支持毛泽东的意见，并毅然闻令出征，完全置个人荣辱于度外。志愿军指战员把对党和人民的忠诚之心化作奉献一切、英勇杀敌的强大动力，圆满完成了祖国和人民赋予的使命。

国际主义精神是抗美援朝最鲜明的立场。这场正义之战既激发了志愿军将士愈战愈勇的旺盛斗志，也得到全世界爱好和平国家和人民的同情、支持和援助，最终正义之师赢得了战争胜利，打乱了帝国主义扩张势力范围的部署，深刻影响和改变了第二次世界大战结束后亚洲乃至世界的政治格局。

英雄儿女们代代相传的爱国情怀、英雄气概、必胜信念、忠诚信仰、责任担当，如矗立在民族复兴航程中的灯塔，永放光芒。

（作者：王中明）

缅怀三军英烈　传承一江山精神

——解放一江山烈士纪念碑碑文敬读

在浙江省台州市椒江区枫山北麓的解放一江山岛烈士陵园内，坐落着一座烈士纪念碑。穿过长长的烈士墓道，拾级而上，到达山上的烈士墓群，在四百余座汉白玉烈士墓碑环绕下，一座六角飞檐的传统式六柱碑亭出现在眼前，碑亭里安放的，正是解放一江山烈士纪念碑。

纪念碑分碑身、台基两部分。青色花岗岩碑身正面的六边形顶端，雕刻有祥云及鲜花纹饰，象征着烈士的功业万古长青，其下方两行五字连续方格内镌刻着十个镏金大字：解放一江山烈士纪念碑。其下碑面主体为浙江省人民委员会起草的碑文，全文如下：

在全国大陆和舟山群岛解放以后，逃窜于台湾的蒋介石卖国集团，在美帝国主义者的支持下，继续窃踞我省南部沿海岛屿，并以这些岛屿为据点，不断向我沿海地区进行骚扰，残害人民，虏（掳）掠财产，破坏航运，劫夺渔船。面对着这种情况，我人民

解放军在人民殷切的期望下，于一九五五年一月十八日奉令向一江山敌人发起进攻，在陆海空军英勇机智的协同动作下，经二小时的剧烈战斗，遂将盘踞岛上的蒋贼军全部歼灭，一江山也即获得解放。由于这一胜利，美帝国主义者和蒋贼都大起恐慌，即把盘踞于大陈、渔山、披山、南麂等岛的残军悉数撤逃。从此我省沿海岛屿全部解放，蒋贼军的骚扰也即烟消雾灭。

今天我全省人民能够安居乐业和平地进行社会主义的建设，这是和人民解放军在一江山的胜利分不开的。现在我国经济和文化正以空前壮阔的步伐在发展，人们年年都为着自己劳动的新成果和幸福的增进在欢笑。在这欢笑声里，饮水思源，人民都无不在心坎里深深感谢人民解放军的功业，尤其是追念为解放一江山而献出他们宝贵生命的四百五十四位人民英雄。为了表彰烈士们的功业和共产主义者无我的精神，在解放一江山周年纪念日，特于黄岩县城东北六十二里枫山烈士墓地前建立纪念碑，以作永念，使我们后世子孙能知道先辈革命的艰难，奋起学习先烈的品质，承继先烈的事业，肩负起保卫社会主义祖国的神圣责任。

浙江省人民委员会立

一九五六年一月

青嶂千年奠忠骨，丹枫万树护英魂。1956年1月，解放一江山岛战役胜利一周年纪念日之际，纪念碑由浙江省人民委员会（人民政府）立，同期开始修建烈士陵园。

解放一江山烈士纪念碑碑文（一江山岛登陆战纪念馆　供图）

三军联合作战的伟大胜利

中国大陆全部解放后，国民党军队在退守台湾、澎湖列岛、金门、马祖的同时，还占据着浙江沿海一些岛屿。国民党军在大陈设立了“大陈防卫区司令部”，形成以上、下大陈岛为核心，以一江山、头门山、披山等岛为外围的、南北走向的海上防御体系，与人民解放军形成隔海对峙的态势。国民党军以大陈为中心，不时对大陆进行袭扰，破坏渔业生产及海上交通，还妄图以此为跳板，作为反攻大陆的滩头阵地。于是，解放浙江沿海岛屿被多次提上中央军委和华东军区的日程。

如果说大陈岛是台湾的“北大门”，那么一江山岛就是这个“北大门”的“门闩”。打下一江山，将造成国民党政治和军事上的巨大震动，给美、蒋协防以沉重打击。大陈列岛可能会慑于解放军威势，不战自弃，从而一举解放浙江沿海岛屿。最终，中央军委批准了华东军区先打一江山岛的作战方案。

一江山岛由南一江、北一江两岛组成，面积1.24平方公里。据守一江山岛的为“一江山地区司令部”，守军共一千一百余人。国民党当局对岛上防御颇为自负，自诩为“生物通不过的钢铁堡垒”“打不沉的美国造军舰”。1954年8月27日，中央军委批准成立浙东前线指挥部，以张爱萍为司令员兼政治委员。战役的大幕就此拉开，华东军区开始进行紧张的战前准备。9月，浙东前指经过认真讨论，最终形成了作战决心：渡海登陆作战分两个阶段进行：第一阶段，夺取战区制空、制海权，掩护参战部队进行战前训练；第二阶段，三军联合实施登陆突击。

11月1日，参战部队开始实施第一阶段作战计划，开展夺取制空权、制海权的斗争，从空中和海上对战场实施封锁。经过两个多月的打击，人民解放军掌握了战场的制空、制海权，国民党军舰艇白天不敢在大陈锚地停泊，飞机也不敢飞临大陈上空。一江山岛守军几乎陷入孤立无援的境地。

基于对气象的长期观察和准确预报，1955年1月18日，人民解放军发起一江山岛渡海登陆作战。自8时开始实施第一次火力准备起，共历时十个小时。其中，14时20分开始实施登陆突击，经过三个多小时的激战，一举攻克一江山岛。此战，共击毙国民党军五百一十九人，俘虏五百六十七人。人民解放军牺牲四百五十四人。

解放一江山岛，改变了台湾海峡的斗争形势，台湾当局慑于人民解放军的强大攻势，被迫于2月5日决定将国民党军撤离以大陈岛为中心的台州列岛。至2月25日，国民党军在美国海空军掩护下全部撤离。至此，浙东沿海岛屿全部解放。

在这欢笑声里，饮水思源

一江山岛渡海登陆作战的胜利，向全世界庄严宣告：中国人

解放一江山烈士纪念碑（一江山岛登陆战纪念馆　供图）

民在什么时候、以什么方式解决台湾问题是中国的内政，不容外国干涉，中国人民也决不会屈服于外部势力的军事威胁。

中国傲立于世的伟岸脊梁下，更绽放着人民幸福的欢笑。现实和平来自过去的胜利，浙江人民的安居乐业与和平劳动是与解放一江山岛的胜利分不开的。军民鱼水情深，回顾历史，观照现实，这正是烈士们前仆后继为之牺牲奉献的意义所在。

青山有幸埋忠骨。烈士陵园墓区长眠着一江山岛渡海登陆作战中献出宝贵生命的四百五十四位人民英雄中的四百零七位，还有其他历史时期因公牺牲的烈士一百四十四位，共计五百五十一位英烈。墓区始建于1956年1月，布局依山就势，全部由汉白玉筑就，这显示着浙江人民对人民解放军历史功业的追念，对烈士的缅怀。

枫山上的红叶，在烈士光辉照耀下愈显鲜红夺目。在战役胜利一周年纪念日，立下这一庄严神圣的纪念碑，是感念于烈士们的伟大功业，激励后人继承先烈遗志，保卫祖国。纪念碑碑文简约大气、言简意赅，高度概括了这一伟大胜利的历史脉络，抒发了人民的决心与意志。

“在这欢笑声里，饮水思源。”烈士的伟大牺牲换来的，正是人民安居乐业、享受着和平生活的幸福图景。来自四面八方的人们瞻仰凭吊，寄托着无限的景仰和哀思之情。

继承烈士的遗志

解放一江山岛战役是一场影响深远的战役：它规模不大，但充满现代战争的特征，既是一场国际政治的战略博弈，又昭示了军民团结精神的伟大光芒。在这一场交织着血与火、智慧与勇敢、生命与精神的战事中，我们看到了革命先辈的英勇战斗和无我奉献。

以烈士群体为代表的人民解放军，在解放一江山岛战役的历史进程中，创造了不畏艰险、智勇坚定、团结奋斗、不胜不休的“一江山精神”，激励着一代又一代浙江军民乃至全国人民。烈士的不朽业绩在这里汇聚，“一江山精神”在这里凝结，并将愈加熠熠生辉，鼓舞千千万万后人为新的更加美好的生活而不懈奋斗！

离烈士纪念碑不远的祭奠广场上，有一座十八米高的解放一江山战斗纪念塔，塔的一侧是时任二十军军长廖政国的题词“继承烈士的遗志，一定要解放台湾”，这一句，正是对牺牲烈士未竟事业的最好注脚与诠释。

（作者：李振林　徐怡）

赴汤蹈火为人民　恪尽职守保平安

——上海消防英烈纪念墙碑文敬读

2021年4月2日，正值扫墓祭祖的清明节前夕，全国首个消防主题的烈士纪念园——上海消防烈士纪念园在松江区烈士陵园内落成。该纪念园占地近15亩，包括英雄广场、纪念碑、镜面水池、纪念墙、生命之柱、消防主题雕塑、长明火等纪念元素，绿草如茵，环境优美，给人以庄严肃穆之感。

消防英烈纪念碑似一座老式消防瞭望塔巍然耸立，高11.9米，寓意消防代号“119”。纪念碑分塔基、塔身、塔尖三个部分，其中塔身高8.1米，寓意消防救援队伍的军旅荣光，篆刻着七个金色毛体大字：赴汤蹈火为人民。纪念碑四周是镜面水池，象征消防救援队伍在水火中诞生，历经水火淬炼。

消防英烈纪念墙上篆刻着《海上消防英烈颂》，以赋的形式，歌颂上海开埠近二百年来消防的蹈火历史和英烈精神，全文如下：

长江从此地入沧海，沃野在这里向东方。更有英雄豪杰遍

地，立下古往今来诗篇。自开埠起，现代消防之先声，于五洋杂处中敲响黄钟大吕。华洋两界消防义勇，御火为职，守土为要，镇灾火患，护佑苍生。红色之基因，红门为堡垒。举义旗，助辛亥革命。破旧制，唤国人觉醒。闻开天辟地之惊雷，迎解放新生之锣鼓。警铃响惊心动魄，战车疾穿云破雾。人民消防焕然一新，忠诚铸魂大步前进。饮浦江之水，育男儿慷慨之躯。吃五谷杂粮，视人民高天厚土。一身侠骨，遇险境挺身而出。八分柔肠，爱民众乌鸦反哺。和平年代，有烟火汹涌。太平盛世，藏刀光剑影。生就浴火凤凰，实乃热血精灵。天塌地陷，有我顶天立地。烈焰席卷，有我蹈火奋击。战危难，气吞万里如虎。救民众，排山倒海是盾。嫉恶如仇，铲除人间灾祸。大爱似天，守护朗朗乾坤。大爱需大义之壮烈，大勇需献身之决绝。用肉体之躯，点希望在黑暗尽头。舍身家性命，托生命与光明重逢。英雄此去九万里，杜鹃滴血唤不回。一把忠骨铸丰碑，犹如鲲鹏展天际。吴刚备下壮士酒，痛饮不朽三千杯。烈火中永生，大义凌然真勇士。为人民至上，视死如归又何妨。抑或平凡造就伟大，更是伟大出自平凡。勇士在平凡中坚守，却摘下了伟大的桂冠。滚滚洪流兮，前赴后继。消防儿女兮，英杰辈出。为百姓站岗，此乃国之重托。为人民守护，此乃忠诚魂魄。呜呼，国之骄傲，民之自豪。上海消防英烈，群星永恒闪耀。

碑文铭刻了上海消防英烈赴汤蹈火、护佑苍生的光荣历史，

上海消防英烈纪念墙（上海市消防救援总队　供图）

昭示着消防儿女守护人民的坚定信仰和忠诚魂魄，凝心静读，倍感消防群星乃国之骄傲、民之自豪。

浴火而生："现代消防之先声"

上海是中国共产党的发源地，也是近现代中国消防的发源地。开埠以来，上海曾发生过多起严重火灾，给城市居民留下了异常惨痛的教训，也直接促进了城市消防事业的不断发展与完善。早在1866年，上海就成立了第一救火车队，这是我国城市中建立的第一支现代消防队。此外，第一座火警钟楼、第一个市政消火栓、第一个火警专用电话、第一辆内燃机消防车、第一辆云梯车等都诞生在上海。革命年代，上海消防更是"举义旗，助辛亥革命。破旧制，唤国人觉醒"。1911年10月10日辛亥革命爆发，革命党人陈其美、李平书等策划上海光复运动，约定在11月3日以击火警钟为起义号令。11月3日下午2时，火警钟响了，洪亮的钟声在老城上空回荡，听到起义号令后革命者一鼓作气攻占了官署，上海得以光复。1927年3月21日，周恩来领导的上海工人第三次武装起义的信号，也是由那座火警钟楼发出的。当天，工人高喊着"救火钟声响，车子开进厂"的罢工口号一涌而出。新中国成立后，上海逐步建立起一支属于人民自己的消防队伍，消防事业翻开新的一页。

一部消防史，就是一部写满铁血荣光的豪迈英雄史。上海消防的发展历史，是我国消防事业的缩影。回首过去奋斗征程，一代又一代消防儿女浴火而生、蹈火奋击，用热血和担当在践行使命征程上谱写出气壮山河的辉煌篇章。

逆火而行："遇险境挺身而出"

在纪念墙后的草地上，是排列有序、高低不一的四十二根石柱，代表新中国成立以来上海消防的四十二位烈士。其中最小的烈士仅十九岁，最年长的也才五十五岁，以牺牲时间排序、不同的高度代表不同的年龄。每一根石柱，都象征着一条鲜活的生命；每一个名字，都深藏一段可歌可泣的故事。

1996年8月15日，在扑救上海市平源路17号居民火灾战斗中，消防员倪梦海得知两位七十多岁、行动不便的老人还在屋内的消息后，便奋不顾身地再一次冲进了火场，不幸触电，终因伤势过重而壮烈牺牲。

2014年2月4日上午，大年初五民间"迎财神"的鞭炮火星溅入了上海宝山区民科路的一处厂房。仓库内存有大量的纸质原料和成品，顿时火光四起。经过现场三百多名消防官兵近两个小时的奋力扑救，明火基本被扑灭。就在消防员进入火场内部确认是否有复燃点时，厂房突然倒塌。随后搜救人员在废墟中分别找到了陆晨、孙络络的遗体。他们的生命永远定格在二十三岁、十九岁。5月1日，两名水枪手钱凌云、刘杰在上海徐汇区一居民

上海消防英烈纪念墙（上海市消防救援总队　供图）

楼救火时，受轰燃和热气浪推力影响，他们手拉着手坠落牺牲。

消防队伍战危难、救民众，时刻要经受血与火的洗礼、天天在面对生和死的考验。新中国成立以来，先后有六百余名消防人员为挽救人民群众生命财产安全而壮烈牺牲，其中仅1989年“8·12”黄岛油库爆炸事故处置、1998年西安“3·5”爆炸事故处置、2003年衡阳“11·3”火灾扑救、2015年天津港“8·12”特大爆炸事故处置四次灭火救援，就有一百二十五人献出年轻的生命。他们用宝贵的生命践行了铮铮誓言，用赤胆忠诚铸就了永恒丰碑。

淬火成钢：“大义凌然真勇士”

消防救援队伍历来被人民群众誉为“火魔克星”。面对烈焰席卷，一位位消防指战员在大火中“燃烧”了自己的生命，在烈火中永生。不管时光如何变迁，消防英烈对党和人民无限忠诚的崇高品德、迎难而上的大无畏精神永远不会被遗忘。

弘扬他们对党忠诚、竭诚为民的高尚品质。当灾害降临时，视党和人民的召唤为行动命令，面对熊熊烈火和危险复杂的环境，他们赴汤蹈火、冲锋在前，救民于水火，助民于危难，用自己的生命诠释了“人民消防为人民”的宗旨。

弘扬他们不惧艰险、勇于牺牲的英雄气概。面对血与火、生与死的严峻考验，他们没有退缩、临危不乱，表现出视死如归、前赴后继的英雄气概，体现了过硬的战斗素质，他们英勇的行动，展现出消防指战员英勇善战、不怕牺牲、敢打必胜的优秀品质。

弘扬他们纪律严明、坚韧不拔的顽强作风。明知前行的路上危险重重，但在每一次自身安全受到严重威胁的关键时刻，他们都令行禁止、秋毫无犯，表现出严明的组织纪律和严谨的职业精神。“火焰蓝”延续了中国消防人的精神谱系，挺起了中国消防人的钢铁脊梁。

（作者：李步强）

国破尚如此　我何惜此头

——吉鸿昌烈士纪念亭碑文敬读

鲜花与翠柏掩映中的河南省郑州烈士陵园庄严肃穆，风格典雅的吉鸿昌烈士纪念亭坐落其中。矗立的汉白玉碑体正面镌刻着胡耀邦题词：“吉鸿昌烈士纪念碑”；碑的右侧为聂荣臻的题词：“民族英雄吉鸿昌”。背面为《鸿昌亭碑文》，全文如下：

吉鸿昌是中国共产党优秀党员、著名抗日民族英雄。他一八九五年出生于河南省扶沟县，一九一三年投军。一九二六年参加北伐，为西北军中著名爱国进步将领。一九三二年加入中国共产党，从一个爱国主义者转变为坚定的共产主义战士。在中国共产党领导下，一九三三年组织领导察哈尔民众抗日同盟军，抗击日寇。一九三四年在天津从事地下活动，建立“中国人民反法西斯大同盟”，并组织武装抗日义勇军。同年十一月九日不幸被捕，十一月二十四日在北平被国民党反动派杀害，为中华民族解放事业英勇牺牲，时年三十九岁。

今值吉鸿昌将军牺牲五十周年，特立碑以志纪念。烈士的光辉事迹将激励我们发扬革命传统，在“四化”建设的道路上奋勇前进！

吉鸿昌烈士永垂不朽！

中国共产党河南省委员会

河　南　省　人　民　政　府

一九八四年十一月二十四日

碑文三百余字，凸显了悼念死者、激励生者的立碑主题，概述了吉鸿昌的革命生涯、光辉业绩和高尚品格。吉鸿昌敢于斗争、敢于同敌人血战到底的英雄气概，为救国救民向死而生的献身精神，永远值得我们学习和继承。

“只有跟着中国共产党走，才能救中国”

吉鸿昌，幼名恒立，字世五，1895年出生于河南省扶沟县吕潭镇一个贫苦农民家庭。1913年秋天，不满十八岁的吉鸿昌弃学从戎，投入冯玉祥的西北军当兵。他作战勇敢，屡建战功，人称“吉大胆”，在策应北伐部队时连克强敌，威名远震，不到三十岁就被升为军长。

1930年9月，吉鸿昌所部被蒋介石改编。不久，他率部第一次和鄂豫皖苏区的红军交战就损失了一个团。这让吉鸿昌非常纳

吉鸿昌烈士纪念碑（郑州烈士陵园　供图）

闷儿：为什么红军队伍装备落后却骁勇善战？为了看看自己到底是在和一支什么样的队伍打仗，在中共地下组织的支持下，吉鸿昌化装成小贩，秘密到苏区考察。在苏区的所见所闻使他大为震惊：红军和老百姓鱼水交融、亲如一家，老百姓主动把自家的孩子送去参军。自苏区考察归来，吉鸿昌终于找到了答案，意识到只有共产党才能帮助老百姓过上好日子。从此，吉鸿昌对蒋介石拍来催促“围剿”红军的电报见了就撕，并且命令部下，遇到红军时就朝天开枪。当时苏区有民谣唱道：吉军一来到，红军喜得笑；先丢机关枪，再扔盒子炮；吉军来打仗，对天放空枪；走时丢武器，送给共产党。

九一八事变后，矢志抗日的吉鸿昌被蒋介石撤销职务，被迫出国“考察实业”，实则是变相流放国外。在国外，他心系祖国安危，沿途曾多次发表抗日演说，呼吁全中国各族人民在日本出兵侵占我国东北、国家处于生死存亡的关头，应抱“宁为玉碎，不为瓦全”之决心，团结一致，牺牲一切，坚决抗日。1932年2月，吉鸿昌结束了考察回到国内，经过认真思考，他深深地认识到：“只有跟着中国共产党走，才能救中国。”因此，他回国后第一件事就是寻找党组织，要求加入中国共产党。他主动接受党的考验，策反旧部，投奔苏区红军，但没有成功。党组织经过缜密考察，接受了这位赤胆忠心的进步将领。11月，经中共北方政治保卫局负责人吴成方介绍，吉鸿昌在北平光荣地加入了中国共产党，实现了自身彻底蜕变。他曾感慨万千地说：“我能够毁家纾

鸿昌亭碑文（郑州烈士陵园　供图）

难，舍身保国，拒绝利诱，见危受命，这样来抗日救国，这正是党给我的感召，这正是党的意志。”并坦言“前半生已矣，后半生应直追”。

“有贼无我，有我无贼”

1933年，根据党的指示，吉鸿昌投入组织领导察哈尔抗战活动中。为解决经费不足的困难，吉鸿昌变卖全部家产，拿出六万元购置电台和一批冲锋枪、手枪等军火。5月26日，与冯玉祥、方振武在张家口建立察哈尔民众抗日同盟军，任第二军军长、北路前敌总指挥，率部向察北日伪军进击，连克康保、沽源等数座县城，接着率领同盟军收复被日军占领的塞外重镇多伦。多伦是察哈尔省的北大门，易守难攻，是日军夺取察哈尔的战略要地。同盟军的武器装备很差，连一门大炮都没有，双方差距极为悬殊。

吉鸿昌做好了决一死战的准备，在挥师进军多伦的途中，他向部队作战前政治动员，并即兴赋诗：“有贼无我，有我无贼。非贼杀我，即我杀贼。半壁河山，业经改色。是好男儿，舍身报国。”7月7日晨，兵至多伦城下。吉鸿昌亲率部队，身先士卒，冲锋陷阵，经五昼夜浴血奋战，终于把多伦光复。这是自九一八事变以来中国军队首次从日伪军手中收复失地，极大地鼓舞了军民的抗日热情。

“恨不抗日死，留作今日羞”

1934年5月，根据党的指示，吉鸿昌转入天津开展地下斗争，组织成立了“中国人民反法西斯大同盟”，他被推为主任委员，进行抗日民族统一战线工作。在他家三楼一角，设立了一个秘密印刷所，出版了机关刊物《民族战旗》报，宣传抗日救国思想，联络各方，准备重新组织抗日武装。他的住宅也成了党组织的地下联络站，因而被党内同志称为“红楼”。

11月9日，吉鸿昌在天津法租界被军统特务暗杀受伤，遭工部局逮捕，引渡到北平军分会。11月22日晚，北平军分会对吉鸿昌进行了“军法会审”。北平军分会主席何应钦问：“吉鸿昌，你为什么搞抗日活动？招出你们的秘密来！”吉鸿昌说：“抗日是四万万五千万中国人民的事情，有什么秘密？只有蒋介石跟你们祸国殃民，和日本暗中勾结，干些不明不白的勾当，才有秘密。”吉鸿昌慷慨陈词，把法庭当战场，愤怒揭露蒋介石等卖国行径，骂得何应钦张口结舌，只好不了了之。

11月24日，蒋介石密电北平军分会，下令对吉鸿昌“就地枪决”。最后的时刻到了，吉鸿昌披上斗篷，从容走向刑场。走着走着，他忽然停了下来，捡起一根树枝，在刑场的土地上挥手写下了气壮山河的绝命诗：“恨不抗日死，留作今日羞。国破尚如此，我何惜此头！”吉鸿昌大义凛然地对特务说：“我为抗日而死，不能跪下挨枪，我死了也不能倒下！给我拿个椅子来，我得坐着死。”当特务在吉鸿昌面前颤抖地举起枪时，他奋力高呼：“抗日万岁！”“中国共产党万岁！”吉鸿昌壮烈牺牲时，年仅三十九岁。

（作者：钟雪生）

毛泽东为他三次题写碑文

——谢子长烈士纪念碑碑文敬读

谢子长烈士纪念馆位于陕西省子长市瓦窑堡镇齐家湾村，在子长陵园旧址上重建而成，1989年被国务院批准为第二批全国重点烈士纪念建筑物保护单位。子长陵园为1946年中共中央西北局、陕甘宁边区政府修建，毛泽东、朱德、周恩来、刘少奇等中央领导人都曾为其题词。1947年，胡宗南部侵犯延安时，陵园被废毁。1952年，陕西省人民政府重修，1954年竣工后改名为子长烈士纪念馆。进入纪念馆大门，迎面矗立的是革命烈士纪念塔，上面镌刻了以谢子长为代表的300位烈士英名。纪念塔以北，建有7米的高台，陵园的主要部分——纪念堂和陵墓就建在高台上。纪念堂通高11米，灰瓦白柱，亭基由石块砌成，亭内矗立石碑4通，碑高2.6米，宽0.8米，厚0.2米，上面镌刻着毛泽东为谢子长烈士的题词及亲笔撰写的生平碑文，分别如下：

谢子长烈士纪念碑

谢子长同志

虽死犹生

毛泽东题

中华民国二十八年七月初九日埋葬

谢子长同志之墓

民族英雄

毛泽东

中华民国二十八年六月廿三日

谢子长同志千古

前仆后继

打倒人民公敌蒋介石

毛泽东

中华民国三十五年二月廿八日

谢子长，名德元，安定人。一九二五年在北平加入共产党，自此即以共产主义为解放中国人民之道路，创办农民讲习所，组织农协会，领导人民参加反帝反军阀运动，人民因有“谢青天”之称。一九二七年大革命失败后，子长起义于清涧，继续参加渭南暴动，败不丧志，奔走西北、华北各地。九一八事变后，于陕甘之间组织反帝同盟军，改为中国工农红军陕甘游击队，即是红军第二十六军之前身。

一九三三年赴察哈尔参加抗日同盟军，失败后回陕北组织第二十七军，协同刘志丹、高岗诸同志创造了陕甘宁边区。一九三四年于河口之役负伤，一九三五年春因伤逝世。党政军民各界感子长之功德，改安定县为子长县，以志纪念。于政府及人民为子长立墓之时，书以叙之。

毛泽东

中华民国二十八年七月初九日

这四通碑文分别是毛泽东在不同时间分三次为谢子长陵墓所题：第一次是1939年6月23日，谢子长家乡枣树坪谢子长烈士墓建成并移葬时，毛泽东题写“民族英雄”碑文；第二次是同年7月9日，毛泽东在杨家岭接见谢子长侄子谢绍彦等人，题写“虽死犹生”和谢子长生平史略碑文；第三次是1946年2月28日，瓦窑堡子长陵建成并将谢子长灵柩迁葬时，毛泽东题词“谢子长同志千古　前仆后继　打倒人民公敌蒋介石”。在我党历史上，由毛泽东亲自撰写碑文的烈士非常少见，谢子长获此殊荣，充分表明了党中央和毛泽东对他的深切缅怀以及对其革命功勋的高度评价，读来让人肃然起敬。

谢子长短暂而光辉的一生，是为中国革命的胜利和人民大众的利益不断奋斗的一生，我们不仅要永远铭记，更应该继承他的革命遗志和革命精神，以告慰先烈英灵。

要学习谢子长崇高的革命信念和矢志不移的革命精神。谢子长1897年1月19日生于陕西省安定县（今子长市）枣树坪一个殷实的农民家庭。长期目睹军阀豪绅对人民的残酷压榨和盘剥，谢子长萌发了谋求改变社会、造福百姓的思想。1925年，他远赴北平寻求革命真理，积极参加反帝反封建斗争，同年加入中国共产党，成为一名坚定的马克思主义者，为革命斗争百折不挠。大革命失败后，谢子长不畏强暴，组织发动了著名的清涧起义，在西北地区向国民党反动派打响了武装斗争的第一枪。起义失败后，又南下参与领导了渭华起义。两次起义虽因敌我力量悬殊而失败，但点燃了西北地区革命的火焰。在屡遭挫折中，谢子长始终没有动摇革命信念，他常常鼓励大家："失败是成功之母，一次不成再来一次，最后胜利总是我们的。"毛泽东因此称赞谢子长败不丧志。

要学习谢子长为革命奋斗终生的牺牲奉献精神。在谢子长的影响下，家中十七人参加了革命，九人牺牲。亲人遇害并没有让谢子长退缩，他说："共产党人就像毛脑柳树一样，割了这一茬，那一茬还会长出来……共产党是杀不绝的，红军会更强大。""现在是很艰苦，为了劳苦大众的翻身解放，我们甘愿吃这样的苦！"1934年1月，谢子长在陕北革命低潮时期，再次回到陕北领导武装斗争。在粉碎敌人对根据地第一次"围剿"中，连战获胜，然而谢子长不幸在河口镇战斗中胸部中弹，但他仍指挥部队战斗，甚至用枪逼着侄儿先把战士伤员运走。由于伤势严重，于1935年2月21日，在灯盏湾不幸逝世，终年三十八岁。弥留之际，他遗憾地说："就这样死了，我对不起老百姓，我给他们做的事太少了！"

要学习谢子长相忍为党、顾全大局的坚定党性。作为西北人民革命的领袖，谢子长始终顾全大局，坚决维护党和军队的团结和统一。谢子长曾两次被党内“左”倾机会主义排挤撤职，但他坚决服从组织安排。1934年冬，敌人同时对陕北根据地和陕甘边根据地发动“围剿”，病榻上的谢子长连说话都很困难，却写信给刘志丹，商谈两块根据地统一问题。1935年1月，刘志丹来到灯盏湾探望谢子长，英雄所见略同，但在军委主席人选问题上两人互相推让。最后谢子长只好以西北军事特派员的名义，指定刘志丹为主席。1935年2月，陕甘边根据地和陕北根据地统一，形成西北革命根据地，这是土地革命战争时期硕果仅存的革命根据地，为中央和红军长征提供了坚实的落脚点。

要学习谢子长维护人民利益、关心群众疾苦的赤子情怀。在谢子长领导下，部队每到一地，战士们帮助老百姓扫院子、担水、种地，群众主动给部队搞侦察、送情报，部队前脚走过的雪路上，后脚就有老百姓赶着羊群掩盖痕迹，军民关系十分融洽。群众亲热地称谢子长“老谢”“谢青天”。在他养伤时，老百姓主动报告敌情、找转移点、抬担架。受伤转移途中，谢子长看到农民续殿革家炕上连一床被子也没有，几个孩子躲在墙角冻得发抖，硬是把仅有的一床被子留给他们家。续家一家老小含着热泪把他送出村。由于他给当地农民做了许多好事，陕北至今还流传着不少赞颂谢子长的歌谣。1946年，中共中央西北局敬送挽联，上书“一生为人民创造红地，百姓到如今叫你青天”。

（作者：王锦霞）

毛泽覃：坚定的共产主义战士

——毛泽覃同志纪念碑碑文敬读

在江西瑞金革命烈士纪念馆的右前方，伫立着一尊塑像，他身姿俊拔，一身戎装，目光炯炯，浩气凛然。他是早期工人运动的领导者、红军的优秀指挥员、朱毛井冈山会师的重要联络人毛泽覃。

为了让子孙后代永远铭记烈士的英名，1985年，瑞金人民在城郊塑立了毛泽覃烈士全身青铜像，塑像高3米，安放在2.4米高的大理石碑座上，碑的正面镶嵌着邓小平题写的“毛泽覃同志纪念碑”八个大字，背面刻着碑文：

毛泽覃同志是中国共产党的优秀党员，中国工农红军的优秀指挥员，坚强的共产主义战士。

1905年9月25日毛泽覃出生于湖南湘潭县韶山冲。1922年加入中国社会主义青年团。1923年到湖南水口山开展工人运动，任工人俱乐部教育股委员。同年10月加入中国共产党。1925年秋，在

黄埔军校政治部工作。1927年到武汉，在国民革命军第四军政治部工作，参加了“八一”南昌起义和创建井冈山革命根据地的斗争。在转战赣南、闽西和巩固发展中央革命根据地的斗争中，曾任中国工农革命委员会驻吉安办事处主任和后方委员会书记，永（丰）吉（安）泰（和）特委书记，红三军政治部主任，公略中心县委书记、苏区中央局秘书长等职。他坚持拥护以毛泽东同志为代表的正确路线，反对和抵制王明的“左”倾路线。1934年10月中央红军长征后，留在中央苏区任中共中央分局委员，坚持游击战争，转战闽赣边界、武夷山区。1935年4月26日率部从长汀四都突围到瑞金红林山区，被敌包围，在激战中英勇牺牲，时年29岁。

毛泽覃同志的一生，是革命的一生，战斗的一生，为党和人民的革命事业建立了不朽的功勋。

中国共产党瑞金市委员会
瑞 金 市 人 民 政 府 敬立
二〇一〇年六月重修

碑文四百余字，概述了毛泽覃烈士的成长战斗历程，倾注了人们对他的崇敬与缅怀，读之令人肃然起敬。

我军早期的一位猛将

毛泽覃是毛泽东和毛泽民的弟弟。在长兄毛泽东的影响下，

毛泽覃同志纪念碑

毛泽覃走上革命道路。南昌起义时，他担任起义军第十一军第二十五师政治部宣传科科长，成为毛氏三兄弟中走向武装斗争的第一人，后随起义部队南下。1927年冬，毛泽覃被派赴井冈山与毛泽东联络。在他的积极联络下，次年4月朱毛胜利会师井冈山，毛泽覃为这次会师发挥了关键性作用。

1928年5月，毛泽覃任中国工农红军第四军三十一团三营党代表，参加了龙源口等战斗。1930年1月，毛泽覃任红六军（后改称红三军）政治部主任，曾代理军政治委员，与军长黄公略率领全军在赣水两岸开展游击战争。同年10月，他任中共吉安县委书记、红军驻吉安办事处主任，曾以特派员身份协助红二十二军军长陈毅率部回师遂川，恢复了这一带的红色区域。1931年6月，他任中共永（丰）吉（安）泰（和）特委书记兼红军独立第五师政治委员，与师长萧克指挥部队连续取得富田、老营盘等战斗胜利。1933年8月1日，红一方面军在瑞金隆重举行八一建军日的纪念活动，因战功卓著，毛泽覃荣获一枚二等红星奖章。1973年10月，曾与毛泽覃共同战斗过的邓小平在韶山参观毛泽东同志纪念馆时，见到毛泽覃烈士的遗像，情不自禁地说：“他是我军早期的一位猛将。”

遵守群众纪律的模范

毛泽覃曾说过，“越是困难的时候，越要遵守群众纪律，才能得到群众的真心拥护”。他以身作则、率先垂范。1934年10月，中央主力红军实行战略大转移，毛泽覃奉命留在中央苏区，并担任中央分局委员和红军独立师师长，带领部分留守红军坚持游击战争。不久，国民党军卷土重来。敌人对中央苏区实行疯狂的“清剿”。所到之处，实行惨绝人寰的“三光”政策，妄图使红军和游击队失去安身立足之地。毛泽覃一方面积极率领红军战士寻找机会，消灭敌人，解决物质困难；另一方面教育干部、战士要坚定革命信念、增强胜利信心，并反复提醒大家要严格遵守群众纪律。

1935年2月，毛泽覃随中央分局驻扎在于都黄龙乡（今黄麟乡）的井塘村，住在红军家属谢带发家的厅堂里。他经常抽空帮助房东谢大嫂挑水、劈柴，并派人帮助她犁田，谢大嫂很受感动。春节那天，谢大嫂特地送来年糕米粿给毛泽覃拜年。毛泽覃不便推辞，就拿出了一些当时苏区紧缺的火柴等物品回赠给她。

根据中央电报指示，中央分局决定将被围困的红军部队和地方人员分成九路突围。毛泽覃率一个连向闽赣边转移。当他率部从会昌的白鹅出发，又一次经过井塘村时，部队在井塘村吃午饭，谢带发多给毛泽覃做了一碗菜干，并特地放了一些他喜欢吃的辣椒。毛泽覃当即掏出五角钱交给谢大嫂。谢大嫂说什么也不肯收，她知道红军战士行军作战都是为贫苦工农打天下，他们连性命都不顾，自己怎么好意思收那碗菜干钱呢？毛泽覃似乎看出了她的心思，就耐心地解释道：“我们红军是有纪律的，买卖公平，你不收钱，我宁可不要这碗菜干了。”直到谢大嫂收下钱，他才吃了起来。

坚毅果敢的指挥员

面对敌人频繁的军事进攻和残酷的经济封锁，毛泽覃带领留守红军战士，遭受了难以想象的困难，“囊中存米清可数，野菜和水煮”。他们以竹笋、野果充饥，用茅草、树叶当被，在大山里同敌人周旋。1935年4月25日，毛泽覃和战士们转移到瑞金安治乡（今泽覃乡）黄鳝口附近的山中，为了不打搅群众，部队隐蔽在一幢空闲的纸槽之中。26日凌晨，夜深人静，警惕的毛泽覃在纸槽外面发现了敌情，他立即叫醒正在酣睡的同志们，急促而坚定地说：“我们被包围了，大家快从纸槽侧门突围出去吧，我掩护你们……”说完，就立即冲到屋外，沉着应战。战士们只好服从命令，迅速撤出。

敌人很快包围过来，毛泽覃知道这次凶多吉少，他把身上的红星奖章拿了出来，深情地注视了一下，悄悄地放在一块大石下面。这时，敌人枪弹雨点般打了过来。突然，一颗子弹击中了毛泽覃右脚，他正要举枪还击，接着，头部又被打伤，鲜血顺着脸颊直往下流，他强忍着剧痛，顽强地继续战斗。不料，一个敌军绕到他的身后，朝他开了一枪，子弹穿进了毛泽覃胸膛，毛泽覃高大的身躯倒了下去，殷红的鲜血染红了门前的草地，他献出了自己宝贵的生命。

1935年10月，中央红军到达陕北，从缴获敌人的电台中听闻毛泽覃牺牲的消息后，毛泽东对毛泽民说："我们突围后，那里的情况比我们想象的更要严重。我估计小弟牺牲有些日子了。母亲在世时，曾把我召到床前专门向我交代，一定要照料好小弟。我是没有尽到当大哥的责任啊！"兄弟俩为之悲痛不已。1959年6月，毛泽东回韶山，在上屋场旧居里，端详着墙上的毛泽覃烈士遗像，心绪难平："这是我的泽覃六弟。他很聪明，他的胆量比我还大哩！"毛泽东曾对秘书田家英说："我的弟弟是个坚定的共产主义战士。"

（作者：钟燕林　马晓敏）

一座时代精神的丰碑

——雷锋墓碑碑文敬读

雷锋是20世纪我国知名度最高的英模典型之一。他不满七岁就成为孤儿，曾担任地方政府的通信员、公务员及解放军战士。1962年，年仅二十二岁的雷锋因公牺牲。毛泽东等党和国家领导人为他题词并号召全国人民向雷锋学习。雷锋的名字家喻户晓、响遍全国。在雷锋生前部队所在地辽宁省抚顺市建有雷锋纪念馆。

走进位于抚顺市望花区的雷锋纪念馆园区，瞻仰雷锋墓，可见墓碑背面镌刻的碑文：

雷锋同志是中国人民解放军沈阳部队工程兵某部汽车运输连四班班长。一九四零年十二月十八日生于湖南省望城县一个贫农家庭。解放前，他一家亲人相继死去，雷锋不满七岁便成为孤儿。解放后，他积极参加土改斗争。一九五六年高小毕业，先后在乡人民政府和中共望城县委当通讯员、公务员。一九五七年加入中国共产主义青年团。在参加根治沩水工程中，被评为工地模范。

一九五八年到鞍山钢铁公司当推土机手。三次被评为先进生产者，五次被评为红旗手，十八次被评为标兵。一九六零年一月参加中国人民解放军，在部队荣立二等功一次，三等功两次，团营嘉奖多次。同年加入中国共产党。一九六一年当选抚顺市第四届人民代表大会代表。一九六二年八月十五日因公殉职，年仅二十二岁。一九六三年，毛泽东同志等老一辈无产阶级革命家，先后为雷锋同志题词，号召全国人民向雷锋同志学习。雷锋同志永远是我们学习的榜样。雷锋精神，永垂不朽！

拜读碑文，抚今追昔，可以深刻体悟弘扬雷锋精神的深远意义。

一

雷锋纪念馆由雷锋纪念碑、雷锋事迹陈列馆、雷锋墓和雷锋塑像等建筑构成。雷锋纪念碑高13.4米。正面镌刻着毛泽东“向雷锋同志学习”七个雄浑的金色大字。碑体下部嵌有一组以雷锋模范事迹为内容的汉白玉浮雕，塑造了雷锋刻苦学习、请战、风雨中送老大娘、和少先队员一起植树等生动感人的逼真形象。碑体背面上端刻有“粮食、武器、方向盘”浮雕图案。碑的顶部是用红色花岗岩雕成的五角星。

雷锋墓由苍松翠柏环绕，雷锋便安息在这绿色丛中。墓后有

雷锋纪念碑（雷锋纪念馆　供图）

一座长6米、高2.1米的卧碑。碑正面凹处刻有书法家舒同书写的“雷锋同志之墓”金色大字，碑的背面刻有书法家周而复所书介绍雷锋生平的行书碑文。

雷锋墓前广场上耸立着一尊雷锋全身塑像。像高5米，基座高3米。雷锋身穿棉军装，手捧《毛泽东选集》，身背冲锋枪，昂首阔步，向前走来。形象惟妙惟肖、栩栩如生。

二

雷锋的生命只有短暂的二十二个春秋，其工作经历只有短暂的六年，他却留下了“好学生—好农民—好工人—好战士”的闪光人生足迹，谱写下伟大共产主义战士的壮丽诗篇。雷锋事迹最具感染力的是：对党凝聚着无限深情，他深深喜爱并抄写在日记上的“唱支山歌给党听，我把党来比母亲，母亲只生我的身，党的光辉照我心”的翻身道情歌，是他发自心底的热切呼声。由此决定了他听党的话，坚定不移永远跟党走的决心和信念。热爱毛主席、读毛主席的书、听毛主席的话，是鼓舞雷锋永远进步的巨大原动力。为人民服务，为他人服务，“对待同志要像春天般的温暖”，无私奉献、永做好事不图名利，是雷锋的鲜明本色。坚持理想与现实相统一，甘做一颗永不生锈的“螺丝钉”，“对待工作要像夏天一样火热”，干一行，爱一行，钻一行，体现了雷锋对工作极端热忱的可贵品格。正是这些熠熠生辉的精神品德和看起

雷锋墓碑碑文（雷锋纪念馆　供图）

雷锋塑像（雷锋纪念馆　供图）

来似是平凡的事迹，映照出一个普通解放军战士、一个平凡共产党员的高大、光辉形象。雷锋是时代楷模，人们能从他身上汲取巨大精神力量。雷锋精神是矗立于中国特色社会主义新时代的永恒丰碑。

三

党的十八大以来，习近平总书记高度重视学习、弘扬雷锋精神。他指出，雷锋是一个时代的楷模，雷锋精神是永恒的。实现中华民族伟大复兴，要不断闯关夺隘，也需要更多的时代楷模。积小善为大善，善莫大焉，这和我们党“为人民服务”“做人民勤务员”是一脉相承的。我们要见贤思齐，把雷锋精神代代传承下去。学习雷锋精神，就要把崇高的理想信念和道德品质追求融入日常的工作生活，在自己岗位上“做一颗永不生锈的‘螺丝钉’”。

在新时代，学习雷锋、弘扬雷锋精神，构筑中国特色社会主义伟大事业精神大厦，意义重大。雷锋精神的基本内容包括：热爱党、热爱祖国、热爱社会主义的崇高理想和坚定信念；服务人民、助人为乐的奉献精神；干一行爱一行、专一行精一行的敬业精神；锐意进取、自强不息的创新精神；艰苦奋斗、勤俭节约的创业精神等五个方面。

热爱党、热爱祖国、热爱社会主义，在新时代就要旗帜鲜明讲政治，牢记共产主义的崇高理想，献身中国特色社会主义伟大事业，坚定信念追求，保持政治定力，不忘初心、牢记使命。要爱党、信党、为党，爱国、颂国、为国，在中国共产党的坚强领导下，持续推进新时代中国特色社会主义，为早日实现中华民族伟大复兴的中国梦不懈奋斗。

服务人民、助人为乐，在新时代就要传承良好道德风尚，积极奉献于社会和人民，弘扬“公而忘私的共产主义风格”。要正确处理国家利益、集体利益与个人利益的关系，崇尚党和人民的利益高于一切，做到不为私心所扰，不为名利所累，不为物欲所惑，履行好自己的义务和职责。要常怀感恩之心，以热心助人、倾情奉献、大公无私为荣，形成我为人人、人人为我的良好社会氛围。

干一行爱一行、专一行精一行，在新时代就要发扬“言行一致的革命精神”。要有对事业倾注热情、激情、感情，扑下身子、全心投入，务实肯干、敢于吃苦，持之以恒、“咬定青山不放松”的高度敬业精神。要有兢兢业业、刻苦钻研、精雕细琢、追求完美、追求卓越的精益求精精神。要以积极的态度、精湛的技艺、高强的能力投身火热的中国特色社会主义建设伟大实践。

锐意进取、自强不息，在新时代就要秉持“奋不顾身的无产阶级斗志”。要强化突破陈规、大胆探索、勇于创造的思想观念，增强不甘落后、奋勇争先、追求进步的责任感和使命感，永葆坚韧不拔、自强不息、锐意进取的精神状态。要大力弘扬创新精神，始终保持昂扬向上、开拓进取的精神风貌和勇往直前、披荆斩棘的冲天干劲，在平凡的岗位作出不平凡的业绩。

艰苦奋斗、勤俭节约，在新时代就要时刻保持过“苦日子”的警醒，不断增强过“紧日子”的自觉，努力去奢求俭、勤而求进。要低调务实不张扬、撸起袖子加油干，让艰苦奋斗、勤俭节约融化到血液中并成为自觉追求、见诸行动，奋力谱写中国特色社会主义建设事业新篇章，努力开创更加美好、幸福的新明天。

（作者：王恩宝）

图书在版编目（CIP）数据

为了新中国：革命烈士纪念碑碑文敬读. 二 / 学习时报编辑部编. -- 济南：山东人民出版社，2023.2
ISBN 978-7-209-13361-6

Ⅰ. ①为… Ⅱ. ①学… Ⅲ. ①革命烈士—生平事迹—中国—现代 ②纪念碑—介绍—中国—现代 Ⅳ. ①K820.6 ②K928.8

中国版本图书馆CIP数据核字（2021）第204874号

为了新中国——革命烈士纪念碑碑文敬读（二）
WEILE XINZHONGGUO GEMING LIESHI JINIANBEI BEIWEN JING DU ER
学习时报编辑部　编

主管单位　山东出版传媒股份有限公司
出版发行　山东人民出版社
出 版 人　胡长青
社　　址　济南市市中区舜耕路517号
邮　　编　250003
电　　话　总编室（0531）82098914
　　　　　市场部（0531）82098027
网　　址　http://www.sd-book.com.cn
印　　装　济南新先锋彩印有限公司
经　　销　新华书店

规　　格　16开（169mm×239mm）
印　　张　16.25
字　　数　160千字
版　　次　2023年2月第1版
印　　次　2023年2月第1次
ISBN 978-7-209-13361-6
定　　价　58.00元